찻잔에 찾아오는 별

찻잔에 찾아오는 별

정 광 일 제4시집

이 시집은
동생을 먼저 보내야 했던
태분의 언니 태자님과
엄마를 사랑했던
세화, 세정, 세미의 정성으로 출판을 하였습니다.

도서출판 청옥문학사

목 차

제 1 부 찻잔에 찾아오는 별

제 2 부 미안하다, 한번만 더 그리워 할께

제 3 부 저 너른 바다에 돌섬하나

제 4 부 가고 없어도

제 5 부 사랑의 포로

제 6 부 친정아비

제 7 부 새벽

제 1 부

찻잔에 찾아오는 별

찻잔에 찾아오는 별

사랑한다면서도 말없이 떠나버린 지난 십여 년
잠들지 못하는 시간을 벗 삼아 차를 마시다가
낙엽들의 분주한 걸음소리를 들었습니다
창가를 지나치는 바람의 한숨소리 커져만 가는데

그리움입니다
잊을 것은 잊어야 한다는 공空의 세계
그가 한눈파는 사이 소리 없이 다가온 외로움이
감당키 어려운 고통의 날개를 달아버린 때문입니다

딱딱한 씨앗 한 톨 어둠을 이겨내며
떡잎을 내밀고 성목이 되는 과정처럼
애달픈 사연이 달아놓은 그리움의 날개
잠시도 쉴 수 없었던 십여 년의 날갯짓

별이 떠나고
다시 홀로인 자신을 돌아보며
애간장 녹아 담기는 찻잔
바람만, 바람만 벗으로 남는 공허
그 세월, 그 서글픈 세월.

찻잔에 찾아오는 별 2

체향 가득한 그날을
그리움으로 남겨놓은 어제
아픔이 그를 안은 채 별이 되었다

기억 속을 뒤져 애써 찾아낸
그 미소 사랑스러워도
안지 못하고 밀쳐내는 피치 못할 관계

찻잔 속에 찾아오는 별과
심연 깊은 곳에서 꺼내오는 대화들
그것이 지금의 이 그리움 아닌가

문득, 그리움이 몰려와 목을 짓누르면
주전자에 물을 끓여 차를 우린다
찻잔을 찾아오는 별 하나 보고파서.

찻잔에 찾아오는 별 3

코끝에 요란한 차향
어젯밤에도 내 찻잔에
별 하나 찾아와
진한 그리움을 남기고 갔다
밤새 나눈 수다는 한 줄 시어가 되고

어제 그리고 오늘, 내일
우리는 만나고 또 이별을 한다
맞이하고 보내는 것이
언젠가는 전설 속의 얘기가 되겠지만
보낸다는 것의 서글픈 반복은
견디지 못할 차라리 지옥이다

지금도 찻잔엔 별이 찾아와 수다중이다
가끔, 아주 가끔이면 더 좋았을 텐데

왜 별은 찻잔을 찾아와 빛나는 걸까
심연 곳곳을 찾아다니는 그리움의 깊이가
로댕의 생각하는 사람처럼 망부석이 될까봐
밤마다 위로하는 마음으로
찻잔을 찾아와 기웃거리는지 모른다.

아쉬운 시간 속에서

퇴근길
천원 지폐 한 장으로 맞바꾼 붕어빵 네 마리

허겁지겁 한 마리로 허기진 배를 채우고
두 마리째 입에 넣는데
아픔이 목젖에 매달려 그네를 탄다
다독이며 세 마리째 집어 드는데
주마등처럼 스쳐가는 옛 얘기들

목구멍 달래느라 구워 팔던
'아내표 붕어빵'
팥을 삶고 반죽을 하는 아내를 향해
추운데 대충하고 들어오라고 하니

"이거 남으면 우리 식구가 다 먹어야 돼
그런데 어떻게 대충해요."

아이들은 '엄마표 붕어빵'이 제일이라 했다
가슴 메이던 그 시절 생각에
마지막,
마지막 한 마리는 봉지만 지키고 있었다.

일 배一杯, 일 배一杯

여보게, 오늘 힘들었지
술 한 잔 하세나
일평생 바쁜 몸 시간 없다 하지말고

서산에 놀던 해 장밋빛 물들던 날
갈 까마귀 울음 따라 길 떠난 임
꿈길에 보내온 편지 한 장에
옛집에 놓아둔 술병이 그립다 하더군
이야기 못다 나눈 친구가 그립다 하더군

빈주먹으로 일궈왔던 삶
돌아보니 아득한 힘겨움이어도
웃음이 나는 것은 어제의 일인 때문 아니겠나
자축해 보자고 이 술 한잔으로

보이지 않는 미래, 두려움이었지
한발 내디뎌보면 별것도 아닌 것을 깨달아가며
우리 그렇게 살아오지 않았나

자! 마시자고
두려운 한세월 목구멍에 툭! 털어 넣고
이 한잔 술로 삼켜버리자고.

운람사에서

경북 의성군 안평면 운람사
이 터에 불가의 인연이 닿았던 것이 언제이던가.
흔적만 남은 기단석에 옛 사연이 깃들고
그 자리, 주인인 냥,
몇 대를 이어왔을 노송들이 나이마저 잊은 산사

산안개 자욱한 머~언 곳에서 달려온 이야기들
살랑바람과 손을 잡고 조심스런 탑돌이를 했을까
석탑을 돌다간 흔적 이끼로 머무네!

젊게 끝난, 짧은 날의 사랑놀이
아쉬움으로 흘리는 기다란 눈물을
아픔이라 말하는 사내의 묵념처럼
산사가 간직한 아픔의 역사, 안개비 되어 내리는데

탑머리에 차곡한 생명의 빛
메마른 석탑에도 이끼는 푸르러 생명의 존귀함을 알리네.
삶이 힘겨워도 희망은 놓지 말라는 가르침인가
그 빛 가슴에 안고 돌아오던 아침.

월영교月影橋에서

언제 떠났기에 보이지 않는 걸까
유월의 뙤약볕 아래 늘어진 숨 쉬며
발자국 하나 터벅터벅 남기는 시간
산 그림자만 길게 누워 월영교를 벗하네.

언젠가 야경 속에서 꿈엔 듯 바라보던 月影
그 모습 그리워 다시 찾은 경북 안동
제 모습 바라보며 쓸쓸히 걸었을까
간다, 온다, 말없이 떠나고 없는 눈길

삶이란 게 다 그렇듯
언제까지나 움켜쥘 수는 없는 과거라는 그것
알면서도 놓지 못하는 욕심,
왜이더냐, 나를 바라보던 네 얼굴 잊지 못함이

해 지고 어둠이 몰려오면 만날까
그것도 간절한 바람으로만 머물겠지
세상일은 변화무쌍한데
살갑던 그날의 모습 어찌 바라겠느냐

내려다본 수면위에 고요히 머문
초라한 내 모습만 너인 것 같은데.

또 하나의 세상

천상에 해가지고
어둠 저쪽에 현장 불빛이 꺼진다.

귀가를 서두르며 달려온 낙동대교 위
바람도 강물도 이제 막 잠들었는데
인간이 만든 빛으로 또 다른 세상이 문을 연다.

가로등이 대낮처럼 거리를 비추는 시간
네온은 화려한 불빛을 강물 깊이 뿌리를 내리고
낮 동안 실컷 즐겼던 잠을 쫓으려 연신 깜박인다.

술과, 돈과, 향락이 지배하는 두렵고 아슬아슬한 세상
독버섯의 유혹처럼 방황하는 발길이 속수무책 빠져드는
깨어있는 또 하나의 세상, 네온의 거리.

현란한 유혹을 헤집고 달리는 트럭 한 대
신음소리 요란하다.

원죄原罪

동화속의 아이가 되고, 낭만 소년이기도 하며
순정소설의 주인공에 대박을 꿈꾸던 도전자
낙엽 앞에선 고독을 즐기는 청년이기도 했다
과거를 붙들고 있는 그 시간에선

그런 지금 끝없는 도전 앞에
몰락해버린 왕조의 잔재를 밟고 서있다
언제부턴가 시들어버린 꿈 때문인가
고분은 한가득 황량한 가슴에 새 터를 잡는다.

비를 뿌리던 동편 하늘
맑은 석양빛 영롱한 무지개를 만드는데도
지나칠 만큼 예민하던 감성과 꿈은 꿈틀대지 않는다.
누구의 죄인가.

사랑합니다

사랑이란 것이 보듬어 안아주고 입 맞추며
사랑이라 말하면 그게 다 인줄 알았습니다.
사랑이란 것이 나만을 위해 존재하는
당연한 소유물인줄 알았습니다.

참고 배려하고 함께 위하는
진정 서로의 귀함을 알고 서로를 배우며
아름다움을 아름답다고 말할 때
못나고 추함에서 애써 사랑스러움을 찾으려 할 때
감추지 않고 있는 그대로를 받아드릴 수 있을 때
그때라야 비로소 생기는 감정이란 걸

사랑을 알게 된 것이
지켜주지 못하고 떠나보낸 후의 일이니
안타깝고 억울하지만 그래도 다행입니다
당신을 사랑한다고 말할 수 있어서입니다

사랑합니다!
사랑합니다!
내 사랑 태분씨.

바닷가에서

낮게 살아야 하는 삶
아래로, 아래로, 흘러온
골마다의 사연
함께 어울리는 이야기 촌
일구고 가꿔온 반짝임들
드러남 없는 수평의 망망함이지만
이곳엔 진솔한 삶들이 녹아있다
결코 무심히 지나칠 수 없는
너나 나나 그곳에 서면
소원을 빌고 안녕을 빌었다
이런저런 삶의 사연들이 말없이 녹아들어
옥빛 이야기꽃으로 피어났던 때문인가
날마다 바닷가를 찾는 이에게
하얀 이빨 내보이며
이야기보따리를 풀어헤치지만
아무도 알아듣는 이 없다
그저 자신들의 아픔만 털어놓고 갈 뿐
듣는 이 없어도 바다는 오늘도
쉼 없이 이야기보따리를 풀어 헤친다
아픔을 나누던 저배는
목쉰 소리만 하염없이 뱉어내고.

우雨요일의 서정

종일 비가 내린 오늘
일찍 꽃을 피운 매화 한 가지

뚝뚝 물방울을 떨어뜨리기에
외로워 우는 줄 알았는데

가만가만 다가가 보니
임 맞을 준비로 세수하고 있었다고
티 없이 고운 얼굴 생긋 웃고 있네요

그가 그리는 한 폭의 풍경화
가슴 가득 그리운 얼굴하나.

미련

가는 어제를 보지 못했지만
오는 아침은 맞이할 수 있었네

무슨 이유에선지
오늘을 보내지 않으려
애써 외면한 사연은 안개에 가려있고

보내지 않고,
보지 않는다고 가지 않을까 만
그렇게라도 보내고 싶지 않은
마음
마음
마음.

봄

사월의 꽃들 젊다하지만
철없이 두근대는 마음만 할까

오월의 장미 핏빛처럼 붉지만
아직도 식지 않는 혈기만 할까

피 붉다하나
서산에 걸터앉은 노을을 닮아가고

봄이라고 다를까
오는 것은 말없이 떠나더라.

의문

모진 세월 살아오며
쓸모없이 낭비한 삶은 아니지만
망울진 꽃잎마다 후회만 가득하다

나 좋으라고
가지마다 환한 꽃피움을 해보지만
순간의 위로일 뿐

잎 달고 열매 맺어
지난날을 보상받으려하지만
아무리 애써도 허허로운 마음

찬바람 이는 빈 가지
원점에 머무는 삶
이게 아닌데 싶은 되짚는 날들.

행복

비스듬히 누워 TV를 보고
안방 침대 위
책을 껴안고 뒹구는 내 분신들

개똥밭에 뒹구는 삶이라도
저 모습들 앞에 서는 시간이면
행복이라는 단어로 가슴을 덥힌다.

삶의 편린들이 하나씩
또 다른 모습으로 나를 위로할 때면
석고상 같은 얼굴에 덧칠되는 웃음

작은 수고가 보람으로 비춰지는
거울 앞에서면, 나는 당당한 거인이었다.
결코 초라하지 않은 당당한 거인이었다.

회상回想

맑고 고운 얼굴에
함박웃음 한들거리던 시절
사랑으로 바라보던
그 하늘 그대론데

코스모스 꽃잎위로
하늘빛 곱게 일렁이던 날
시집살이 두려움도 잠시 잊은 채
꽃을 안고 철없는 소녀가 되던 그대

꽃이 되었는가?
우리 함께하던 이곳에
그림자는 사라지고
무심한 갈바람만 나를 반기네.

계절의 뒷모습

여름은
주체할 수 없는 열정으로
산야를 농락해놓고

붉은 노을로 녹아내려
책임 못질 가을 하나 내질러 놓고
소리 소문 없이 사라져갔다

서로 사랑했던 날들 생각에
옆구리에 찬바람 일면
애 마르게 그리워하는
산야의 몸부림을 외면한 채

자신만의 길이라며
한 번의 망설임도
뒤돌아봄도 없이 사라져 갔다

산야의 타는 열정은 어쩌라고.

방황

바람 한 점 없다
햇볕은 뜨겁다
땀이 나지 않으니
아마도 계절 탓

온몸 실핏줄을 감싸고 있는
살가죽에 물기가 사위어지고
까칠한 촉감에 마냥 옷깃 세우는
어깨가 파묻히는 오늘

네게로 가고 싶다
내일이면 너무 늦을 것 같아
네게로 꼭 가고 싶다
그래서 이유 없이 어깨를 기대고 싶다

나무의 눈물

속상한 이별
차마 내보이지 못했던 속내
방울방울 모아둔 나무의 눈물
몰래 숨겨둔 비밀노트
모아 태우는 자리
눈물은 바람 따라 떠돌더니
눈가에 내려앉아 눈물샘을 열고
마침내 흘려야 하는 눈물
슬픔인가
아픔인가
외로움인가
멈춰지지 않는 물줄기의 사연.

코스모스

그대를 만나 약속한 백년해로百年偕老
서툰 사랑이 성숙하여
곱게 나누려 하였더니
한 여름을 보냄이 그리 힘겨웠을까

그댈 기다림은 긴 그리움 되고
먼 길 바라보며 애타는 심정
가냘픈 목만 늘려대는
속빈 사랑이 되었습니다

말쑥하게 꾸민 얼굴로
해말갛게 웃어보지만
석양에 꽃피운 탓인가
벌도, 나비도 찾지 않는 멀쩡한 허우대*

보고 떠나면 미련도 그만일 실낱같은 매력
사람들은 곁에 서서 사진만 찍어대고
입 맞추려 드는 이 찾아볼 수 없습니다
그래서 외로운 하늘바라기 저 꽃나무.

*허우대=(명사) 겉만 번지르한 모습

네온의 거리

해가 지고
변함없이 네온은 밤거리를 배회합니다.
누구의 꿈일까요? 저 반짝거림
거리로 쏟아져 나와 슬픈 영혼들을 위로합니다.

가끔은 유혹에 못이기는 체
밤거리 어느 골목길을 따라 들어가는
목마른 사슴 이고픈 때도 있습니다.

하지만
서푼어치 자존심은 뒤통수를 치며
쯧쯧, 혓소리를 지껄이기도 합니다.

일상을 탈출한 시간
밤이기에 가져볼 수 있는 여유
그 여유로움에 잠시의 행복도 챙겨보는 거리에
별빛처럼 내리는 밤의 불꽃들
그렇게 나는 거리의 떠돌이가 됩니다.

아름다운 구속1

일과를 마친 해가 퇴근한지도 여러 시간이 지났다
검게 변한 하늘마을 구름장이 달 아래 멋스럽다
시어머니 잔소리처럼, 잠투정하는 아이처럼
풀벌레 소리, 온 밤 내내 귀찮게 칭얼거려
못난 지아비처럼 숨어 바라보는 별빛
밤이 그렇게 길다는 것도 알았다
이제는 익숙해질 만도한데
구속하기를 좋아하는 그 이별이
깊이 잠들어야 할 단잠을 깨우고
덩달아 잠깬 수성 펜의 불만이 식식거리며
희미한 기억들을 쏟아놓는다
밤이면 인간의 의식을 잡아먹고
다음날 아침
그것들의 종자를 쏟아내는 콘크리트 바다
새벽 4시, 여명아래 골목길엔
어김없이 들려오는 출산의 소리들
허구처럼 부푼 옛 추억들이 떠나는 시간
그때쯤 설쳐대던 잠결이 무거운 몸을 누이는 시간
자야한다, 자야한다
주문처럼 되뇌는 산사의 종소리
그가 끌고 가는 새벽잠 속에서 만나는 얼굴.

가고 없어도 2

이곳이 길이라고 당신은 말했습니다
그럴 거라고 묵묵히 따랐습니다
당신이 걸어가는 길은
뾰족돌과 진흙탕으로 뒤덮인 가시밭
그래도 믿었습니다

푸념이야 왜 없겠습니까
내가 고달픈데,
하지만 당신을 탓하진 않았습니다
세상에서 가장 사랑하는 당신이 선택한 길,
맞는 길이겠거니 생각했었습니다

앞서 걷던 당신이 가끔 뒤돌아 볼 때마다
근심걱정으로 주름진 얼굴을 보았습니다
이게 아닌데 싶었지만
그래도 당신을 믿은 탓에
좋은 날이 오기를 기다릴 수밖에 없었습니다

그랬기에, 그렇게 내맡기고 따랐기에
거울 한번 보지 않고 앞만 보고 걷다가
우연한 곁눈질로 낯선 모습을 보았습니다
초라하게 늙어가는 내가 바라보였습니다.

헛살았구나!
순간의 절망에 몸부림치며 뒤돌아 선 순간
반듯~한 신작로에
또 다른 우리가 웃으며 따르는걸 보았습니다

이것이구나!
당신이 닦아온 길이
이것이었구나!
당신을 믿고 따른 댓가가

앞만 보고 걷던 당신 떠난 그날부터
날 저문 벌판에서 길을 잃었지만
당신을 사랑했기에 후회는 없습니다
당신을 사랑했기에 행복 했었습니다
나도 언젠가는 고단한 걸음을 멈추겠지요.
그때 까지만,
그때 까지만 믿고 따르겠습니다
사랑해요,
사랑해요, 당신

섬진강가에서

섬진강 따라 걷다가
허기를 달래려 찾아간 참게탕집
양편 배밭에 주렁주렁 달려있는
맛있는 배를 보며 침 흘려야 마땅한데
왜? 배를 보니 잊힌 과거가 떠오르는 걸까

왜소한 몸으로 가족의 생계를 이어야했던
황달로 고생하시던 외삼촌의 눈까지 누런 얼굴

업고 키운 동생 잘못될까봐
노심초사했던 어머니의 선택이
황달에 좋다는 민물조개를 조달하며
병원보다는 집에서 한방치료를 고집했었지

몇 가마니를 끓여대던 아내의 손
옛 이야기는 행복한 끝을 맺었는데

흘러간 세월, 어느 모퉁이
사랑스런 얼굴은 떠난 지 오래인데
어이해 주렁주렁 그리움으로 달려있는가.

제 2 부

미안하다,
한번만 더 그리워할게

미안하다, 한번만 더 그리워할게

잊는다했다. 그러나
돌아 보이는데 어쩌겠니
그래서 하는 말인데
미안하다, 한번만 더 그리워하련다.
한 나이 들어 높아진 감성 때문인가
어젯밤에도 그대 생각에 잠 못 이뤘다
오늘도 난, 출 퇴근길에서
그대와 닮은 뒷모습을 찾아내고는
엄습해오는 그리움에 몸서리치기도 했다
함께 넘던 굽잇길마다 쌓여있던 애증의 불씨
잊힐만하면 다시 살아나 영혼을 활활 태우는데
어느 누군들 당할 자가 있겠는가.
집착이라고 해도 할 말은 없다
그대의 농간으로 오염된 뇌세포
온통 그대모습뿐이기에 정화 할 수 없다
보고 싶다, 잊을 수 없다, 그래서 미안하다.
스스로 억제할 수 없는 그리움이란 이름
미안하다, 미안하다
그대 편한 잠을 자꾸만 깨워서
하지만 난 외롭다. 누구의 책임인거니
구속마저 아름답게 만드는 사람.

그리움

지극히 보고픈 사람
창밖에 메마른 바람으로 찾아와 식식거린다.

달래보려 팔을 벌려도
꿈엔 듯 스쳐가는 기억 저편의 얼굴

"잊어버려! 언제까지 생각할 거야"

책꽂이 걸터앉은 고집 센 늙은 시계
세월 소비하는 잔소리만 툭툭 던질 뿐

오른팔에 느껴지던 통증이 새삼 그립다
언제 적 일이던가
사랑스런 입맞춤 멈췄던 날.

뻐꾸기시계

꺼억!
목이 메어 다 뱉어내지도 못하는 소리
있으나 마나한 날개만 퍼덕이다가
제 둥지 속으로 숨어들고

잊자, 잊자!
그렇게 다짐하며 흘려보내는
어둠 속 방황의 발소리만 정적을 깨운다

그런다고 잊어지랴
부질없는 몸부림으로
쪽잠 따라 흘려보내는 위태로운 건강
삐걱거리는 낡은 육신의 소리만 애처롭다

잊자, 잊어보자
설움의 바지랑대 힘겹게 세워 보지만
창 틈새로 흘러드는 바람의 흐느낌에
꺽!~, 꺽!~, 꺽!~
밤을 잃은 뻐꾸기는 목이 멘다.

사랑가

내 이럴 줄 알았다
당분간 잊고 지내자 하였건만 참 한심타
기껏 옮겨온 발길이 그대 앞이라니
그저 이끌리는 대로 들어왔지만
반가워 달려와 보니 모두가 부질없어
도리질하는 속물근성을 어이하리

벽이라는 단어가 생각이 나네
그대와 나의 사이엔 벽이 있어
들릴 리 없을 줄 빤히 알면서도
사랑한다!
보고 싶다!
독경처럼 외우지만
또 다른 이의 슬픔에 휩쓸려 내 고독이 허허롭다

아무 일도 할 수 없어 자리를 떠야했다
가끔씩 아주 가끔씩 잊지 않을 만큼만 다녀가리라
명복을 입에 되뇌며 작별을 고하니
그대를 지키는 사랑가만 홀로 남는다
훨훨 하산이 가볍다.

상심傷心

봄비소리에
거리가 내려다보이는 창가에 서니

들렸다 사라지고
보일 듯 지워지며
또각또각 놓이는 발자국

시야를 맴돌다
홀연히 사라진 얼굴처럼
햇살아래 지워지는 이름 하나

명치끝 답답했던 숨길
아파도 좋을 가슴
조금 '더' 여도 좋으련만

*상심[傷心]=슬픔이나 걱정 따위로 속을 썩임

밤의 여백

블랙보드판 위에 그려지는 무뚝뚝한 선
스케치해보는 그리운 얼굴하나
그 모습이 아리송하다
잊힌 임의 모습인지

다가오는 것이 두려워
뒷걸음치며 지우고
뒤돌아 아쉬우면 다시금 그려보는
낙서

불 꺼진 창가에서 머~언 허공에 대고
삼류도 못되는 그림을 그려놓고
우두커니 바라보다 한숨으로 지워버리는
못났어도 한참 못난 머슴애의 상념.

하늘도 우는데

바다여!
너는 왜 울지 못하는가!
꼴에 체면 차린다고
그르렁그르렁 가쁜 숨만 내쉬고
시퍼런 멍울만 가슴에 품고 사는가.

너보다 더 크고 위대한 하늘
때때로
명예도,
체면도,
권세도, 다 팽개치고
지축을 흔들며
펑~펑 울음 우는데.

오늘아침 비

베갯머리 비워진 옆자리가
자꾸만 눈여겨지던 날
창밖 겨울새는 왜 그리도 슬피 울던지
사력을 다한 날갯짓소리 밤을 새우고
겨울새는,
겨울새는,
오독한 그리움 한 알 낳아놓고
머~언 하늘로 사라지고 없다
몸부림으로 맞는 아침
어둠은 물러가지 않고
그가 앉았다 간 창가에
남겨진 아쉬움만
뚝!
뚝!
뚝!

멍울

가슴에서 넘치면
주르륵, 흐르는 게 그리움이라 했지요
그렇게 흘려야 슬픔을 말하는 거라 했지요

그렇게 슬픈데 왜 우리는 헤어져야 했을까요
펑펑 흘려야 하는데 흐르지 않는 이유를 몰라요
그냥 눈동자위에 그렁그렁 맺히고 말아요.

침 한번 삼키고 나면 사라져 버리는 저 반짝임
이별이 낯설어서 그럴까요?
사랑의 깊이가 너무 얕은 때문일까요

세월 흘러보니 이제야 알겠어요.
아파서, 너무나 아파서
가슴을 떠나지 못하는 강물은
속으로, 속으로
바다를 키우고 있었다는 걸.

돌아오지 않는 메아리

들녘에서,
바다에서,
산에서,
그리도 애타게 부르지만
달려간 소리는 있어도
돌아오는 소리는 없다

그대
어디를 방황하기에 돌아오질 못하는가?

오늘도 그립다며
임 향해 달려간 내 목소리
돌아오지 않는다.

돌아오는 길
아직도 찾지 못함인가?

고독

새 옷 장만했다는 산,
옷 구경 간다.
홀로 더듬어 오르는 산행

"네 혼자서 뭐 하러 왔느냐."
비아냥대는 바람소리 능선을 따라 오른다.

아름답다며 추파(秋波)를 보내는 나를 보며
낙엽은 볼 가득 붉음이 더해만 가는데

만산홍엽인들 즐거움 있겠는가.
그림자 없는
텅 빈 육신만 덩그렁한 산행인데

가슴이 식어버린
저 바위도 내 맘을 아는 듯
무뚝뚝한 언어를 건넨다.

"여기 걸터앉아 쉬었다 가게나"

네온의 거리에서

기상에 관계없이
계절에 관계없이
초저녁부터 새벽까지
어김없이 피었다 지는 꽃

도심이란 밤거리에
햇빛과 토양이 없어도
쌍쌍의 불나비를 위해 피는 꽃

불나비 쌍쌍이 노니는 그 길
찬바람 이는데
어이해 그 바람이 내 몫이어야 하는가.

해마다,
봄 꽃길 홀로 걷는 것도 서러운데
사철, 변함없이 피는 밤의 꽃.

가슴이 추운 이유

때를 보니 올해도 다갔다
초겨울 아니랄까봐
나무는 눈모자로 추위를 막고
석양은 삭풍朔風아래 홀로 떨고 있다

일과 뒤 홀가분함으로 하루가 저무는데
어이해 창밖에 고정시킨 시선 흔들려야 하는가
떠나고 잊혔으니 잊어야하지만
지울 수 없는 것이 정情 아닌가

시린 달빛이 가슴 파고드는
너 없는 겨울밤
외로운 기러기의 날갯짓 소리
닫힌 창틈에 매달려 허우적이고.

저문 가을에 꽃피운 민들레

봄이 가고 여름이 가고
가을도 저물었는데
꽃은 뭐 하러 피웠더냐.

사랑을 맺어줄
벌도 나비도 떠나버린
휘휘한 벌판에
고픈 사랑
홀로 피고 지는 나날의 한숨

알맹이 없는 홀씨만 바람에 날리다
쓸쓸히 사라져야할
가엾은 민들레
고픈 사랑이여!

향 한 자루 타고 없는데

비온 후에 땅은 마르는데
땅을 딛고 선 나무
물줄기 마르지 않네.

새날의 희망처럼 싹은 돋아나고
하늘을 향해 기지개로 뻗은 팔
해를 움켜쥐려 발돋움 하는데

눈빛만으로도 달려올 것 같은 그대
행여나 하는 마음 영전 앞을 지키는데
어쩔거나 자꾸만 흐려지는 네 모습

계절은 봄이라고 저마다 돋음을 하는데
어이해 수렁에 빠져들어
묻힌 발을 빼내오지 못하는가.

도시에 내리는 비

도시는 무슨 생각을 할까
은막 저편에서 뿜어내는 가느다란 숨결
드러내지 못하고 꼭꼭 감춰둔 사연인가
창밖엔
두드림만
두드림만…….

가슴 무너지는 애달픈 사연
넘기는 페이지마다 빼곡한데
그 사연 어느새 훔쳐갔을까
창가에선 벌써 그리움의 노래
흐느끼며 창을 타고 흐른다.

빗물 속 고요히 머무는 눈
잊었다 하지만
잊었다 하지만
눈가를 흐르는 액체의 의미
허세였나 보다
거짓이었나 보다
잊었다는 그 말.

생각해 보니

오늘도 하릴없이 그대 앞에 서서
차 한 잔에 향불 하나 태워 올리고
회한에 잠겨봅니다
스스로도 알 수 없는 이끌림, 아마도 집착이겠지요
사랑해서도, 보고파서도 아닌 것 같은데
정신없이 달리다보면 늘 멈춰선 곳은 그대 앞입니다

사랑이란 핑계로 자식들과 나의 안위를 부탁하고
잘되기를 부탁하는 것으로 일관하며
과연, 있는지도 모를 세계와 명패뿐인 허상 앞에
이기적인 넋두리만 주렁주렁 늘어놓습니다

말이 쉬워 사랑이지
닳고 닳아 누더기 같은 낱말 하나
생각해보니 뜻도 모를 헛소리 아니던가요
무엇이 사랑인지 어떤 게 사랑인지도 모르며
함께 살 맞대며 한솥밥 먹으며 살았다 해서,
어쩌다 희열에 들떠 서로를 탐하던 그것이 사랑이라고
허튼 지식을 동원한 것은 아닌가 싶습니다

오늘도 이렇게 일방적인 희생만 요구하는데
과연 우리 사이에 무조건적 희생은 존재했을까요?

코스모스 사랑법

그리워, 그리워
그대 오가던 길목에
한들거리는 꽃으로 피었습니다.

가끔 기억 속을 오가며 보냈던
사랑의 눈빛에 가슴 태운 흔적
어설프게 꽃잎에 새겼습니다.

꺾이고 일어서기를 반복하며
가냘프게 이어온 애절한 사연들
꽃대 세운 채 꽃잎에 새겨놓고
임께선 알아주리라 여겼건만
그저 지나치는 헤픈 사랑인가요

어젯밤 꿈속에서 아름답다 말 했더니
사진 한 장 남기고 떠나버린 임이여!
찬바람 이는 들판에 홀로 버려진 채
텅 빈 등골 파고드는 아픔을
어이 홀로 감내하라 하는지요.

갈등

모두가 잠들었을 이 밤에
창가를 찾아온 도시의 야경
어이해 시비를 거는 것인가

수없이 반짝이는 네온의 눈망울
도로엔 딱정벌레의 달음박질
저들은 또 무슨 사연에 잠 못 들고
밤거리에 버려진 것인가

쇠창살 둘러 쳐놓은 비둘기장 속
갖은 청승 다 떠는 죄인 아닌 죄인
창 너머 그리는 자유의 의미는 무엇인가

언제든 열 수 있는 저 문만 나서면
화려함에 묻힐 수가 있으련만
왠가
새벽 종소리를 듣고 있어야 하는 까닭은.

울산 간절곶에서

지명 간절곶.
기다림의 눈물로 빚어놓은 망부석.
외교사절로 길 떠난 임
소망함이 애타게 머문 탓인가
생계위해 먼 바다 고기잡이 떠난 남정네들
무사귀가 소망하던 여인네들 바람 때문인가
지명부터가 예사롭지 않은
이곳을 찾아 발길 멈췄으니
이 땅이 무언중에 손짓을 보낸 탓
그도 지명 탓 아니겠는가.
툭 트인 망망대해
저 넓은 바다이야기들이
너울너울 하얀 포말로 다가와 속삭인다.
웅장한 해안선의 절경
가꿈이 소중한 머릿결 바람에 맡겨둔 채로
떠오를 듯 그려질듯 한수의 시상을 올려보는데
휘~ 떠밀고 가는 바람, 헛디딘 발길
거센 바닷바람은 끈적끈적한 소금기만 남겨둔 채
애써 올려놓은 한편의 시를 싣고 가 버렸다
가두려 애써 옷깃을 여미어도
펄~렁 바람에 날려간 시 한편.

밤은 나를 유혹해 놓고

네온이 유혹하는 도시
창가에 다가서는 밤의 손길 즐거운 밤
행복에 겨워 꿈꾸던 때 언제인가

아름다운 거리의 유혹이
창문 곁을 떠날 수 없게 내발을 묶어놓고
눈가에 찍어 바르는 그리움의 의미는 또 무언가

고달픈 세상
죽지 않으려면 살아야 하는 것이라서
어제를 잊으려 눈감아 봐도
꿈속까지 괴롭히는 기억들, 기억들

유혹할 땐 언제고
다가서면 그리움만 찍어 바르는 마녀 같은 심술
꼭 이렇게 괴롭혀야 하는가?
애달픈 노래가 사모곡에 섞여야 하는가.

하늘이 가슴앓이 하던 날

볼을 쓰다듬고 입술에 입 맞추며
그리움을 부추기던,
바람,
바람,

곁에 그대가 함께 하는데도
침잠하는 가슴,
그 깊은 곳의 통곡
그 마음 알기나 한 듯
울먹이던 하늘이 흐느낍니다

펑펑 울지 못하는 사연은 뭘까요
여보, 태분씨!
하늘도 우리처럼 슬픈 사연으로
가슴앓이 하는가 봐요.

가슴앓이

하늘이 저 녀석
몹시도 외로웠었나 보다
지난밤 내내 잠 못 들고 훌쩍이더니
오늘도 아침 내내 눈물 뿌리고
점심때 되어서야 울음을 그친다

생전 볼 수 없었던
저 아이의 일기장 같은 먹구름
지금은 다 드러내놓고
아직도 쏟아낼 눈물이 남았는지
까만 가슴엔 눈물이 그렁그렁

"어때, 속 시원하지?
슬플 땐 그렇게 우는 것도 좋아
나도 때론 펑펑 운단다."

그제야 화~안하게 웃는 저 녀석.

그대 내 곁을 떠난 후

그대가 떠난 후
아름다운 추억하나
홀로 남겨진 설움에
도끼눈 뜨고 날을 세우더니
여린 가슴을 베어버렸나 봐요
아픔은,
아픔은,
어느 시간쯤 멈출 것인가
복받쳐 흐르는 설움 풀릴 길이 없는데…….

바람

어디서 오는 바람일까
고운님 품안에서 고이자란 바람일까
마음까지 설레는 향기

고운님 섬섬옥수
재롱떨던 바람인가
어루만짐 사랑스러워 온 몸을 내맡기네.

가을빛보다 더 맑게 미소 짓던 임이여!
어이 아니 오십니까.
저 바람 끝에 노래로 오시렵니까.

사랑이여!
사랑하는 이여!
저 단풍을 무지개 삼아 사뿐 내게로 오십시오.

핑계

내가 너를 그리워하는 이유는
그림자 때문이다

나는 지금이 좋다
자유가 있으니 좋다

너는 내가 널 그리워하며
못 잊어 하길 바라지
꿈 깨
너를 못 있고 그리워하는 것은
내 그림자일 뿐
나는 아니야, 정말 아니야

눈가에 그리움은 뭐냐고?
바보,
아까 네가 내 눈을 찔렀잖아.

무대책無對策

기쁨의 샘
행복의 샘
용기의 샘
모두가 바닥을 드러냈다

한 방울의 물마저 마르면
그 물속에 살던 물고기
몸부림 하나로 그리움을 알릴 수 있나
퍼덕거림만 있을 뿐이지

손은 글을 써서 그리워하고
눈은 눈물로 그립다 말하는데
어떤 형태로든 표현할 길 없는 가슴은
퍽, 퍽, 주먹세례만 받는다.

메아리가 쉬는 땅

짝사랑이란?
맺어질 수 없어
바람만으로 다가가는 것이다
간접적인 가슴 태우기

그 사랑이 그림자로만 머무는 까닭에
수없는 외침으로 목청을 혹사해도
달려 나간 목소리는 그를 향해 닿지도 못하고
돌아와
돌아와
가슴에 동그란 무덤하나 만들고 만다

오늘도 벼랑 앞에서 서성이고
바닷가를 서성이고
사방이 막혀버린 벽 안에 갇혀
도래하는 메아리를 받아드리는 가슴
한숨소리들만 빙산을 만들고 있다.

하늘지도

고개를 들어보니 마냥 높아지는 하늘나라
무심코 흘렸던 탓에 지도의 존재를 몰랐었네
오늘 문득 느껴지는 하늘지도 저 광활함

어디쯤일까
저 넓은 우주 속
임 계시는 나라는

산이 많은 나라일까
바다가 많은 나라일까
이곳처럼 가을꽃 만발한 나라일까

궁금증 늘어, 풀어보자 덤벼보지만
독도법* 미숙하여 헤매는 눈앞에
열람시간 끝나기나 한 듯
사라져가는 약속한 하늘 지도

*독도법 [명사] 지도를 보고 표시되어 있는 내용을 해독하는 법.

영락공원 28실 57712번

수많은 삶의 잔재들
가둬놓은 이유를 물어도 말이 없다

다만,
네 알아서 생각하라고 침묵으로 응대한다.

명패하나 세상 다녀간 흔적들
한결같이 천수를 누린 삶이었는데

영락공원 제2 납골당 28실 57712번
젊은 그대는 왜 여기 있어야 하는가.

그대를 낳은 부모님도 열지 않은 이 門
어이 그리도 바쁘게 열었는가.

구름

고개 넘어 바쁜 걸음
구름아! 어딜 가느냐.

금정산에 걸터앉아
아침나절 꼬박 울더니
그리 바삐 가는 길 어디더냐

굽이굽이 넘어 가는 산 길
싱싱한 젊음을 주체 못하고
신들린 듯 덩실덩실 너울춤도 추지만

잊힌 날의 하얀 이별 떠오를 때면
펑펑 울어 산천을 폐허로 만들고
한 점 흔적도 없이 흩어져가는 네 모습

독백

저기 저 산 좀 보아요.
우리가 함께 바라보던 산
얼마나 사랑스러운지요
어서 오세요
달려가 안겨보자고요
숲속을 달려오는
가슴 툭 튀어주던 저 바람 속으로
어서 걸어 나와 봐요
오월, 그 아름답던 꽃길로
우리가족 그날처럼 걸어 봐요
아름다운 추억의 그날처럼
장미향 가득한 그 담장 곁으로 어서 오세요
우리 헤어진 시간이 너무 길어요.

그리움

아낌없이 나눠주는 봄꽃의 환한 미소
그 향기에 취해 허우적이며
수줍은 미소가 꽃을 닮아가던 그녀
들꽃을 꺾으며 미안해하던
미소가 사랑스럽던 작은 악마
어쩌다 잃고
찾을 수 없는 안타까움,
오늘도 일기예보는 장마다.

제 3 부

저 너른 바다에 돌섬 하나

저 너른 바다에 돌섬 하나

일출 무렵의 생기발랄한 모습이면 좋으련만
너른 수평선 위에 고적孤寂한 섬
청승맞게 저녁놀 덮고 누운 네 모습
하필이면 외로운 사내의 눈에 띌게 뭔가

살점은 간곳없고 앙상한 뼈마디 홀로 누웠구나.
언제나 홀로인 것이 어찌 너 뿐이랴
영원히 풀 수 없는 수수께끼처럼
임 곁에 누웠어도 늘 혼자라며 외로워했었다

외로움 하나 낙樂으로 삼는 저 이듯,
올 때도 하나
갈 때도 하나라서
임 홀로 보내고 벗 삼는 추억이 저를 닮았다

지는 해 베고 누운 돌섬 하나
놀빛에 처연한 아름다움이듯
임 그리는 사내의 뒷모습
시인은 바라보고 석양을 닮았다 한다.
기왕이면 일출을 닮은 장미라 했으면 더 좋았을 것을.

그리운 별자리

수많은 삶의 무게에 짓눌린 숲속 작은 길
잡초의 질긴 삶마저도 비켜선 붉은 가슴
거기 뿌리내린 작은 별 하나
발길 닿는 곳마다 불쑥불쑥 얼굴을 내민다

누가 볼세라 자근자근 밟아 넣어도
더욱더 반짝이는 얼굴

어디다 감춰뒀었을까 저 반짝이는 빛
아낙네란 이름 탓에 묻혀있었을까
함께일 때는 보이지 않더니
잊힌 지금에야 나타나 끝없는 성장을 한다

무심결에 잘못 들어간 돌아오지 못할 땅
그곳에서 그리움을 먹고 자란 때문일 거야
낮이나 밤이나 빛나는 저 별자리
내 가슴에 뿌리내린 이유가.

바다, 그리고

어느 여름날인가
백사장에 감춰놓은 비밀스런 사연 하나
파도 따라서 먼 바다로 여행 떠난 후
내내 그 사연 행방이 묘연하였네

문득 그리움에 찾아온 이 자리
뿌연 해무는 아직도 뭔가를 감추고
안개바다 뒤편 뱃고동소리
할 말이 있는 듯 긴 여운을 남기는데

갈매기 날아와 귀띔하는 말

길 잃은 사연하나
뱃머리에 앉아 울고 있더라고.

벚꽃 길에서

온천천 벚꽃 길
시린 기다림 끝에 찾아온 기회 때문인가
활짝 열린 가슴 열광의 몸부림이다
가지마다 흐뭇한 미소들

뚜벅! 뚜벅!
염치없는 발소리가 미웠던지
후드득 앙탈을 부리며 달아나는 꽃잎들
벌들도 한 입 거들며 웅얼거린다

소곤소곤 속삭이던 그녀
그 모습 가뭇하여 깊어지는 사색
저 꽃들이 유희를 끝내고나면
또다시 사라져야 할 정인.

임진년 시월의 달력 앞에서

오늘은
밝은 햇살을 밟고 오는 시월을 만났습니다.

기쁨과 슬픔 사이에서 방황하며
지난 가을 쓸쓸히 걷던 길 위에서
다시금 고독한 영웅이 될지라도
한권의 책을 읽고
한 줄의 시를 짓고
그 바탕 위에 파스텔 색체로 그려보렵니다

땀샘이 마지막 땀방울 떨구는 소리
마른 땅 위에서 초목이 한숨 쉬는 소리
벌거벗은 귀뚜리 가족의 겨울채비의 하소연
간밤에 구월이 부른 슬픈 노래들을 말입니다

가을나무가 깔아놓은 융단 위에서
도토리를 굴리는 다람쥐처럼
가을 나무 그 비워진 가지위에
지난 가을 쓰다만 미완의 사랑시를 마저 써보렵니다

새로워야할 내일을 고민하는 가을이니까요
따스한 눈웃음이 햇살 닮은 가을이니까요.

세월 그리고 얼굴

여명의 시간
창가에 서면

입김으로 그려지는 얼굴 하나
떠오르는 햇빛이 두려워 잦아들고

놓치지 않으려는 사내의 숨결만 가쁜
도심이 내뿜는 끽연 가득한 아침

반복되며 흘러온 시간들 속에서
그 모습은 희미해지고
이름만 덩그렇게 입가를 맴도는 아침.

자목련

세월이 가져다 준 성숙함
어느 사내에게 빼앗긴 마음이더냐
만면에 가득 홍조 띄우고
유혹의 몸짓 황홀했던 날들

꿈꾸는 듯 수줍은 네 모습
아슬아슬 속살 내 비추며
아름다운 날 사랑놀이가 좋아
너울춤 하루하루 즐겼었다만

시간 속으로의 여행
힘겨움이 얼마나 깊었으면
속앓이 깊어 시커먼 가슴으로
임을 떠난 쓸쓸한 낙화여라

아! 지난 봄밤 꿈길은 행복하였을까
네 떠난 자리엔 새싹만 파릇하니 돋고
살랑바람에 흔들리는 가지는
벌써 너를 잊은 듯.

가을페이지

마른 바람이 살갗을 파고드는 계절입니다
잊힌 기억들이
일기장 안에서 한 겹 두 겹 탈피를 거듭하며
제 살길을 찾아주라 소리를 지릅니다

그것은 고스란히 시인의 그리움
고독을 즐기기라도 하는 듯
간혹 그렇게 일기장 속을 들쑤시며
발밤발밤* 나그네가 되기도 합니다

거리가 잠길 만큼의 눈물이 있었다면
아마도 거기 누워 수장 되었었을 시간들
버리려 하지만 버리지 못하는
아슴아슴* 추억이 연출하는 가을페이지

*발밤발밤=[부사] 가는 곳을 정하지 아니하고 발길이 가는 대로
한 걸음 한 걸음 천천히 걷는 모양
*아슴아슴=[부사] 정신이 흐릿하고 몽롱한 모양.
아련히 옛것을 그려보는 것.

회상 3

남는 자는 떠난 자를 잊지 못하는데
떠난 자는 남은 자를 깡그리 잊었나보다

그대 떠난 어언 10년
꿈에도 찾지 않는 인연

뭐 그리도 좋아서,
뭐 그리도 애절해서,
날밤을 지새우며 그리워하는가

오늘도 신록 아래엔
매미의 노래가 절정을 이루는데

과거에 억매인 영혼
방황의 미로에 갇혀있네.

추억 속의 방황

아직도 동장군의 위세는 꺾일 기미가 없는데
그래도 입춘이 지난지가 이틀이 지났으니
봄은 온다는 이야기다

가족이 함께한 봄나들이의 웃음꽃을
메마른 가지에 걸던 그날의 추억
빛바랜 사진이 된 지난 날

꽃은 때가되면 피어나겠지만
가버린 그날은 다시 오지 않는다.
매년 어김없는 봄의 방문에
묻어오는 것은 환한 눈물꽃 송이송이

봄을 기다림은
지난날을 깨끗이 지운 가지위에
새 세상의 기쁨 맛보기 위함인데
오늘도 가지위에 망울망울 달리는 것은
잊으려도 잊을 수 없는 그녀의 얼굴.

어떤 삶의 독백

볼품없이 찌들어버린
초라한 삶인데

뭘 얻어먹을 게 있다고
한숨이란 놈이 찾아들어
어깨에 앉아 어깨를 누르고
무릎에 앉아 무릎을 꺾었다

가라,
가라고 손사래 쳤더니만
가라는 한숨은 황소고집을 부리고

서러운 삶의 터
든든히 지켜주던 초병은
자신에게 하는 말인 줄 알고
쓸쓸히 홀로 길 떠나고 없다.

밥하는 남자

어머니가 맡아오다가 아내에게 넘겨준 주방
아내가 떠나고 딸아이들이 지키던 것을
건강이 일자리를 빼앗아가고
잠시 백수인 내가 차지하고 말았다

어릴 적에 어른들은 말씀하셨지
남자가 부엌에 서면 고추 떨어진다고
그래서일까 신기하게도 아랫도리가 썰렁하다
정말 떨어진 걸까
좌우를 살피던 손이 아랫도리를 더듬는다.

아침을 먹고 식구들 출근이 끝나고
싱크대 선반위에 가지런히 놓이는 그릇들
빈 공간에 잠시 휴식을 올려놓으려는데
뜻밖에도 공간은 꽉차있어 내 여유를 놓을 곳 없다

텅 빈 줄 알았더니 그곳은 초만원
그릇만 놓인 줄 알았었는데
아니라고 부정하는 주방 선반엔
갖가지, 아내의 사연들로 자리매김해 있었다

남자에게 걸었던 믿음들이 깨지는 소리
절망과 분노, 한숨과 좌절, 그리고 눈물
어지러이 놓인 암울한 아내의 삶의 흔적들
깜짝 놀라 뒷걸음치는데
가족 향해 거는 머~ 언 미래의 기대로 채워진
좁은 공간을 차지한 행복의 손짓이 다행스럽다

다소 이기적인 나만을 생각했던 지난날들
돌이켜보면 뭣하랴만
이제서라도 미안해하고 고마워 할 수 있어
불행 중에 그래도 다행 아닌가.

커피 한잔을 타서 컴퓨터를 켠다.
이처럼 중요한 사실을 잊지 않기 위해서
서투른 솜씨로 키보드를 두드린다.

그대 만나는 날

손가락 걸고 약속했던 백년지기
만남이라야 일 년에 한번
만나지 못한 세월이 얼마나 그를 키웠는지
반갑다며 손 내밀어도 응답의 마중 없고
얼굴 한번보자 해도
차가운 침묵만 향연으로 남네.

오랜만에 만난,
너무도 반가워야할 분명 내 친구
서먹한 관계,
다시 바라보니 친구 맞나 아리송한데

오른손 펴고 꼬집어보면
분명 손꼽히는 그대의 이름
어이해 누더기처럼 버려지는 것인가
너에 의한 나도, 나에 의한 너도

그러면 어떤가!
오랜만에 만났으니 주안상을 차려내고
혼자서 주거니 받거니 타령만 늘여놓다가
어두운 길 떠나는 친구, 멀뚱히 바라만 보네.

눈물이 머물던 자리

그가 머물던 자리
눈가만은 아니었다.

가슴과 몸, 구석구석
털끝에서도 흔적을 남겼으니

가지가지 수많은 이유
찾아오고 또 떠나간 자리

반기고 배웅하며 가슴 벅차하던
얼떨결에 정들었던 친구의 자리

아슴아슴 그려지는 그림 속
희노애락喜怒哀樂이 머물던 자리

삼월 스무엿새
내 가슴에 지워지지 않는
그날 그 자리.

4월이면

4월
하늘도 땅도 일렁이는 꽃물결
거리마다 쏟아지는 화려한 나풀거림

꽃이 피면 찾아오는 그대
마주할 수 없는 안타까움이지만
그나마 다행이다
그리워하고 불러보는 그대 이름 있으니

아!
저기 보아라
꽃물결 그 가운데 야릇한 미소.

바닷가에서

숱한 생명체들의
삶의 이야기가 담긴 눈물의 끝
그것이 바다는 아니런가?

왜 눈물을 흘려야만 하는가.
해법을 찾으러 고뇌하는
자해로 인한 멍들의 출렁임

순항의 길 어드메서 지어진 매듭이던가.
풀릴 듯,
풀릴 듯,
쉬이 풀리지 않는 삶의 수수께끼

자꾸만 무뎌지는 손놀림
한숨으로 날려간 태양이
먼~ 수평선에 지쳐 눕는다.

그대의 포구에서

툭!
틔워야 할 가슴을 막아대는 해무
가~ 가~ 가버려를 연발하며
자신들의 평화를 깨지 말라는 갈매기

포구와 한패가 되기로 작당을 했나보다
홀가분한 마음을 얻고자 찾아온 바닷가인데
가라며 자꾸 먹먹한 가슴을 안기고 있다

살갗에 땀이 마르는 걸 보니
가을이 오긴 왔나보다
어딘가 숨어있던 감성하나 비틀거리며 외롭다한다

평생 짠물에 발 담그고
파도에 종아리 두들겨 맞으며
홀로 어촌을 지키는
저 등대도 외롭다 말하지 않는데.

그녀는 별이 되어

어느새 바라보이는
이룬 것 없는
분주한 삶의 테두리

한숨과 눈물이 딱정이 앉을 즈음
잘 익은 세월을 베어 먹으며
이젠 투정도 사랑으로 보일 나이

마냥 고맙고 사랑스러워
불러보는 그녀는 어느새 하늘 사람

한치 앞 구분키 어려운 암흑
꺼질듯, 꺼질듯 불을 밝히며
가슴을 내어주고 어깨를 내어주던
옛 인연 나아갈 길 밝히고 있네.

꽃밭에서

가을 꽃밭에 들어서니
꽃들은 요염한 자태를 선보이며
눈을 자꾸만 찡긋 거린다

오래전 점 찍어둔 눈에 익은 길
가슴 떠났던 기억하나
가쁜 숨으로 다가와 안긴다.

가을이 휘두르는 햇살에 눈을 베었는지
자꾸만 흐르는 눈물

화사한 가을꽃 사이
한가롭게 노니는 바람, 바람.

화해

하늘을 올려다보아요.
구름 한 점 없어 쓸쓸해 보이는 그곳에
우리 함께 마음을 내려놔요

그대 구름이 되세요.
나는 바람이 될 것이니

그림을 그리고,
노래도 부르고,
목젖 내보이며 웃던 그날처럼

바람 한 점 없는 따뜻한 오늘
생각해 보자고요
사랑했던 날들을.

금정산에 올라

사랑하는 그대가 나를 불렀구나.
기억을 더듬어온 금정산 금강공원
삼십여 세월 흘러간 지금
잡목은 우거져 번성함을 알리는데
오월의 녹음처럼 싱그러웠던
꽃다운 젊음은 간데없고
산바람만 닫힌 가슴을 열고
늙은 기억들의 쌓인 먼지를 털어낸다

뭐가 그리도 좋았을까?
누가 볼세라 바위틈에 숨어들어
바위라도 될 냥으로 부둥켜안은 채
한 쌍의 딱정벌레 되어
끝나지 않을 이야기로 보냈었던 하루하루
어이하나!, 어이하나!
가녀린 기억이 명치끝을 누르고
가슴의 통증을 못 이겨
사랑노래 가득한
케이블카 종점에 불현듯 올라보니
웃으며 반겨주던 그대모습 간데없고
이끼만 덕지덕지 눈웃음치며 반긴다.

아!
산이 돼 버린 임 일깨우려함인가
산사의 염불소리가 가슴을 무너뜨리고
사모의 맘 가눌 길 없어
눈가에 그렁그렁 그리움이 달린다.
딴엔 사내란다
허어!~
허울 좋은 사내라 눈물 보일 수 없다고
긴~ 복식호흡으로 마음을 다잡는데
영혼이 달려간 머~언 산마루,
산안개 헤치며 임이 정원을 걷고 있네.
잘 살다오라고 손짓하며 걷고 있네.

그 시절

방금 아내가 내어다준
미숫가루 한 그릇에 얼음 띄워
고픈 배 허기를 달랬었다
흐르는 땀 닦으며 방긋 미소 짓는 모습
더 바랄 것도 없던 행복했던 시절

아내가 끼얹는 개울물로 등목하고
어이, 시원하다!
소리 한번 지르면 더위는 저만치 물러갔었지

물기* 돌 밑에 담가놓은 수박 한 조각
비닐봉지에 쌓인 채 빨간 배를 흔들고
날렵한 칼질 후 한입 아삭 깨무는 맛
오뉴월 무더위가 힘없이 물러갔던 그 시절

그리움이다
다시는 돌아갈 수 없는 .

*물기: [용수로] 물이 흘러드는 곳을 칭하는 방언

제 4 부

가고 없어도

가고 없어도

생은 떠나고 이름만 남은 사람
그래도 버리지 못하는 애심愛心은
오늘도 그 곁에 머문다

뭐라고 타일러야하나
지독한 저 고집이 만들어내는 아픔
그것이 사슬 되어 제 몸을 파고드는데

너 없이 안 된다고
차마 버릴 수 없다고
이름만 껴안고 뒹구는 벽창호

얼마나 다행인가
껴안을 수 있는 세월이 있다는 것이
그렇게라도 부비고 살 수 있다는 것이
가고 없어도 엮임은 남았다는 것이.

사랑이라는 것은

사랑이라는 것은
어쩜 머~언 과거의 아픈 인연이었는지도 모릅니다.
만나지 말았어야할
아니, 만나선 안 될 위험한 관계였는지도 모릅니다.

만남과 헤어짐은 하나의 선이라고
그렇게 애써 강조하는 대 자연의 가르침
이제야 깨달아야 하는 서글픔인지도 모릅니다.

전생의 지극한 인연을 시샘하여 사이를 비집어놓고
원수인 냥 복수의 칼날위에 춤추는 꼭두각시 만들어
아찔한 묘기에 스릴을 즐기기 위한
신들의 짓궂은 장난일수도 있습니다.

우리의 만남
사랑이라는 이름이었고
그 자체만으로도 아픔이었는지 모릅니다.

가슴앓이

왠지 네가 미워,
되뇌고, 되뇌어도 왜 그리 미운지
아무 잘못도 없는 네가 왜 그리 미운지
스스로 원망하고 저주도 퍼부었었지
그런 내게 타인들은 못 잊기 때문이라 말하지.
과연 이 기분이 좋아하는 감정일까
자꾸만 떠올려도 시간이 부족한 얼굴
좋아한다고 생각지도 않았는데
가슴 속엔 어느새 네 얼굴로 가득해
고요와 평화가 세상을 뒤덮어도
자꾸만 그리며 잠들지 못하는 맘
병인가 봐, 아주 몹쓸.

가슴에 묻은 이름

항상 웃음꽃으로 곁에 있었지
언제나 일 것 같아서 무관심했던 임
사라져간,
그리도 사무친 이름

고삐 없는 방황
끝나지 않은 보고픔이여
사계의 지나침도
명상의 시간에 비하면 순간일 뿐

위선의 대표적 명사 같은
외로움, 그리움, 아픔,
왠지 모를 서러움까지
입가에 매달고 끝없이 되뇌는 낱말들

형용키 힘든 무게가 심장을 누르고
아무렇게나 불러도 날카로운 비수가 되어
못나빠진 가슴에 와 박히는
강도를 높여가는
이름,
이름,
이름.

그대 정녕 뜬구름이었던가

살붙이 그대가 떠나던 날
눈물 멈추지 않던 창가에
홀연히 떠오르던 구름 한 점 보고 난 후
그렇게 잊혀야 할 것처럼
내게서 멀어져버린 그대
하루 또 하루, 써 보낸 연서가
어느새 세권의 책을 엮었지만
모습도 목소리도 모두가 먼 옛날
추억하는 가운데 가끔 기억나는 인연일 뿐
흐릿하게 바라보이던 그림자마저
그 빛을 잃어가고 있습니다
이별을 하고 난 후 그대와 나의 거리는
양방향으로 떠나가는 열차와 같이
시간이 흐를수록 그 끝마저도 볼 수 없는데
억지스레 되돌려보는 역사의 바퀴는 삭아 부스러지고
풀풀 날리는 먼지를 잠재울 눈물샘도 말라버렸습니다
분명 곁에 머물던 인연 어느 샌가 과거에만 머물고
외톨이는 현재에 남아 초라하게 낡아지고
인연의 이름만 입 안에 파도로 머물며
사라진 얼굴, 지워지는 추억들
그리움도 하늘가에 잠시 나타나는 구름일 뿐이랍니다
정녕 그대는 이제 허울뿐인 뜬구름입니까

덫

아주 아름다운 눈이 있었다.
영혼을 빨아들일 듯 매혹적인 웃음이 있었다
온 육신 녹여 내릴 듯 짜릿한 속삭임이 있었다

그것,
그 몹쓸 덫에 걸려 허우적거리며
탈출을 꿈꾼 지도 헤아림이 만만찮다

세월무상
훨훨 자유로우라고
그는 덫을 치워 버렸지만

갇혀 지낸 세월에 익숙해져버린 몸
떠나지 못하고 주위를 배회한다.

바보 같은 놈
바보 같은 놈.

고독2

그대 떠났음을 안타깝다 하였더니
납골묘 들러 가는 길
더 많은 젊음이 앞서갔음을 알았네.

혼자서, 혼자라서 서럽다 했더니
공원길 외로움이 어찌 저리도 많은가

지친 맘 달래는 명패
손짓 대신하는 향이 타는 연기

수많은 영령들이 나를 바라보면서도
시비하는 이 없으니 세계가 다름을 알았네

고요 속에 이는 소란
그대음성 대신하는 매미소리라
'잘 있구나!,' 자위하며 떠나오는 길

쓸쓸한 내 미소 그대여, 보았는가!
외롭게 떨궈지는 고개를 그대 보았는가.

동백나무 아래서

이제 그만 사위어질 때도 됐는데
겨울 삭풍에도 식지 않는 열정
고운봉오리 상념*에 젖었는가

얼마나 많은 사랑을 태웠기에
아직도 꺼지지 않은 불씨
활짝 피워내어 가슴앓이 하는가

잊으려도 잊지 못할 인연
버리려도 버리지 못할 추억
해마다 그리움은 피멍을 안기고
상처의 딱정이만 떨궈 왔구나

갈구*하던 정, 흙 속에 묻히더니
그를 덮은 세월이 무심치는 않았구나
초롱초롱 움트는 부활의 생명이여!

*상념想念=[명사]마음속에 품고 있는 여러 가지 생각
*갈구渴求=[명사]간절히 원하여 구하다

집착

총총한 별들 부르며 손짓하지만
온갖 유혹 벗어놓고 돌아와
마음의 안정 찾을 곳 내 집뿐이라고
소심함의 끝을 보이는 못난이

떠돌다가,
홀로 밤거리를 떠돌다가
돌아와 서면
언제나 반겨주던
문 열면 바라보이던 그대 자리

손닿을 듯 가까운 곳이지만
맘먹고 다가서면 너무 멀어서
사내 가슴에 먹구름 잔뜩 안겨놓고
저만치 물러앉는 그리운 옆자리의 주인.

코스모스 앞에서

부르면 달아나고
손 내밀면 움츠리네.

네, 어찌 장부의 손길을 두려워하느냐!
한들거리는 네 모습이 생전의 내임이라
임 보듯,
내님 보듯,
안아주려 함인데

입 내밀면 도리질하고
또 도리질하네.

네, 어찌 장부의 입술을 거부하느냐!

아름다운 네 모습이 내임 입술 닮아
임 보듯,
내님 보듯,
입맞춤 하려함인데.

꽃길에 비 오는 날

꽃잎이 가지를 떠난다
웃음을 먹고 화~알~짝 피었던
꽃잎이 떠난다

늘 웃기만 하던 꽃잎이
눈물을 만나고 나서 외롭게 떠나고 있다

웃음을 먹고 자라 저리도 아름다운데
왜 눈물을 만나 쓸쓸히 떠나는지

저 태어난 곳을 떠난다는 것 외에
더 이상 의미를 두고 싶지는 않지만

짠한 리듬에 취해 가던 길 돌아보니
차마 털어내지 못하는 아픔의 소리들

이내 가슴, 송송한 구멍에는 담을 수 없어
초라한 손등으로 네 눈물을 닦아주고 싶구나.

영락공원의 바람 속에서

1.

영락공원 주차장
차를 내려 납골당으로 향하는 샛길
계단을 오르고
아스팔트로 포장된 광장을 지나고
화장동火葬棟 지나서
시멘트로 포장된 길을 걸어
또 한 번
고행의 길인 것처럼 계단을 오르고
오르막 비탈길 걸어 다다른 아내의 영전에
꿈처럼 아스라한 기억
붙잡고 나누는 대화는
치료되지 않은
정신병동의 수다 그것이었습니다.
매번 겪는 일이지만
작은 후회로 끝을 맺지요
텅 빈 공간
바라보아 뭐하자는 것인가 하는 아쉬움
그렇게 나는 바람을 만나고
왔던 길을 되짚어옵니다.

2.

화장동 앞 광장
아직도,
눈물로 작별을 고하는 많은 사람들이 있습니다.
그날의 헤어짐이,
아쉬워 흘렸던 눈물이
바람과의 유희를 즐기던 날부터
어딘가를 떠돌아야 할 아내의 영혼
딱히,
누구 하나의 자리는 아닌
이곳을 거쳐나간 수많은 눈물과
영혼들의 흔적이 머무는 곳
언제부턴가
이곳을 찾는 것도 하나의 즐거움이 되고 있습니다.
이상한 일이지요
그렇게 아파하며 숨이 멎어야 할 이곳
즐거이 찾는 공간이 된다는 것은
어쩌면 아파하지 말고 즐겁게 살라는
아내의 배려는 아닐지 생각합니다.

3.

솔숲을 빠져나온 바람
헤어짐이 두려워
떨어지지 않으려는
도토리나무 잎사귀를 울리고
다람쥐 발자국을 쫓아서 달리다가
산죽의 이파리도 건드려보고
그러고도 심심했던지
내 모자를 훌렁 벗기며 짓궂은 장난을 합니다
심할 땐
먼지를 뿌려서 눈물도 뺏어가곤 하지요
하지만 어쩔 수 없습니다.
천성이 장난꾸러기라서
저 바람은 자신이 지칠 때까지
장난을 멈추는 법이 없음을 아니까요
그래도,
도심에서는 느낄 수 없는 안온감安穩感
경계심 가득했던 근육들이 이완을 시작합니다
바람은 지금
무슨 수작을 내게 걸었던 걸까요?

4.

먹고 싶은 욕구食慾,
잠자고 싶은 욕구睡眠慾,
이성異性과 접촉하고 싶은 욕구性慾,
재물을 모으고 싶은 욕구財慾,
이름을 휘날리기를 바라는 욕구
고스란히 하나로 뭉쳐진 자연의 심성
오욕이라고 하는 이것들 소용돌이치며
죄 많은 육신을 애무하며 맴돕니다
그런다고,
사라지는 게 아닌 것이 그리움인데
꿈에라도 생각지 말아야 할 이곳, 이 자리
왜 찾아와야 하고 궁상을 떨어야 하는지
누구를 탓할 수 없는 까닭에
애꿎은 하늘에만 욕설을 퍼붓고
이뤄주지 못할 소원으로 성가시게 매달립니다.
향 연기로 눈물이 난다며 아니할 핑계도 대보고
쉽게 화내다가 싱겁게 화해하고 돌아서는 곳
꽃 한 송이로 망자를 달래보는 영락공원엔
형체 없는 그리움들이 툭! 툭! 어깨를 마주치며
오는 이 가는 이를 괴롭히는가봅니다

회상2

꿈같은 세월 흘러간 자국
눈가에 삶의 거미줄이 빼곡히 늘어나도
여전히 어여쁘고 아름다웠습니다.

당신을 좋아합니다.
생의 한파에 내 몰린 채
까칠함이 나무껍질 같은 그대의 탄력
그래도 내겐 매력입니다

늙었다고 그대는 탄식하였지만
걸어온 세월이 다듬어 놓은 아름다움
투정까지도 예쁘고 사랑스럽기만 합니다.

아내여!
백년도 못사는 인생길 뭐가 그리 바쁘던가요.
반백도 다 못 채우고 떠나간 그대
그리워하는 것이 죄는 아니겠지요
이아침 뜨고 샌 눈이 아려옵니다.

영락공원 장례식장

지금 이별을 만나고 있다
수많은 이별
그중에 만난 하나
사별을 아쉬워하는 장례식장

헤어짐이 있다
하나는 영생하는 쉼의 길로 가고
하나는 땅위를 걷는 고행의길 떠난다

만남과 이별은 숙명이지만
가진 것을 놓지 않으려는 욕심에
사별을 받아드리지 못하는 우리네의 통곡

세속의 힘겨운 삶
작은 어깨 기댐의 대상으로
그리운 이름 가슴에 안는 작은 행위의 의식들
지난날
내 이별의 재현인지도 모를 아픔들.

아내라는 이름

자신의 존재적 가치를
가족이라 매듭 지어버린 그대

가족을 위해선
어떤 모험도 장애가 되지 않는
가끔은 투정도 사랑스럽고
가끔은 뻔뻔함도 사랑스러운
희생 그 자체인 사람

꽃의 아름다움을 빼앗고
보석의 화려함을 빼앗고
하늘의 청명한 빛을 빼앗아버린
아름다운 희생의 빛입니다

짓밟히고 이겨져도
파릇한 새싹을 피우는 사랑입니다
그대는 또 하나 내 이름입니다.

행복의 열쇠

그대가 간직한 비밀의 방
행복 가득한 영혼의 금고
생전 가꾸고 보전하며
오직 한사람
나만 열어보게 배려했던
내게 남은 열쇠 하나
쓸모없이 녹슬어가고
버리자니 뒤돌아 보이고

제 5 부

사랑의 포로

사랑의 포로

말했었지요? 좋아한다고
그해 여름 끝나가던 날
내손을 잡으며 속삭였던 말입니다
사랑도 모르고 대책도 없이
욕심 하나 앞세워버린 탓에
형체 없는 끈으로 묶여버린 우리
고래심줄 같은 부부의 연
서로의 자유를 억압당하면서도
싫지만은 않았던 인연의 울
웃고 울며 함께해야했던 까닭은
거미줄처럼 늘여놓은
좋아한다,
사랑한다는
그 말의 오묘함 때문입니다
삶의 힘겨움으로 쓰러져가는 현실 앞에서도
사랑이라는 말에 미소 지어야 하는 우리는
싫은데도 묶여야 하는 포로가 아닌
기꺼이 손 내미는 포로가 아닌지요
사랑!
어느 누구도 들어서 싫다하지 않는 한마디에
나는 힘없는 당신의 포로일 수밖에 없었습니다.

짝사랑

우연이라는 이름의 만남
안타까움의 시작이었습니다.
아무리 다가가도 모르는 남남일 뿐
되돌아서는 쓸쓸함은 내 몫의 상처였기에

다가서면 외면해버릴 것 같아
먼발치로 눈빛만 훔쳐 달아나고
좋아하고, 이별하고, 괴로워해야하는 까닭에
주위만 맴도는 홀로 초라한 모습으로
누구에게나 감추고 사는 목마른 그리움입니다.

즐거움과 행복, 두려움과 불행이라
임을 그리워한 대가는 혹독한 시련이지만
누구에게도 간섭 받지 않고
부작용 없이 아름답게 가꿀 수 있는
나만의 사랑 법으로 그대를 바라봅니다.

어리석은 비움

손바닥 하나로도 감춰지는 아주 작은 두뇌
저보다 억 만 배나 더 큰 기억들을 품었으니
어찌 홀로 감당하겠는가.

꾸역꾸역 삼켜야하는 아픈 기억들
겹겹, 인내의 끝에서 폭발적인 역류라니
그것을 흘리지 아니하고 어찌 가두랴

어느 누가 그를 눈물이라 했는가.
저 창가에 흐르는 것은 강의 근원인 것을
닦는다고 어찌 닦아질 일이던가
차면 넘쳐야하는 게 물이 아닌가.
그래 흘러라,
넘쳐야할 것이라면

비우려 한다고 비워지는 가슴이라면
그 누가 슬픔의 잔을 채운다 말하고
그 누가 아픔의 잔을 비운다 말하리오.
한 뼘 가슴의 삶 속에서 문득 스치는 연가들로
세상을 바라보는 창가엔 물이 마르지 않는데
나는 어리석게도 비운다 하네.
그런다고 강물이 마를 까닭 없는데

아름다운 구속2

'아내 김해김씨 태분 신위'
지방을 써 붙여놓고 촛불을 켰다
준비한 차 한 잔을 향불에 돌려 올리고
모자를 벗어 예를 갖춘다
지방을 태웠다
촛불을 끄고 음복을 하고
그것으로 끝이었다

보고파서 달려왔는데
손 한번 못 잡고, 말 한번 못하고
얼굴도 보지 못하는
그것으로 끝이었다

산자의 땅과 망자의 땅
애써 갈망하지만
이룰 수 없음이란 공간
그 짧은 시간 느껴야하는 허무
아니라고 말하며 이별을 고하지만
망설임을 안고 가는 이 발걸음
당분간은 오지 말아야겠다, 다짐 하지만
헤어날 길 없는 철창

갈 곳을 잃었다
오독하니 나무 그늘아래
하늘과 땅을 번갈아 보며
목마른 사슴처럼
긴 목 늘여 하늘 샘을 찾는다
또 다른 이의 빈소 앞을 지난다
지난날 아픔이 재현된다
어쩔 수 없는 이별로 화장장은 오늘도 만원이다

구름이 방황한다
오가는 곳 밝히지 않는 그냥 떠도는 나그네인 냥
저기 갈색 지붕아래
몇 사람의 영혼이 오늘도 구름장 되었다
저 하늘아래
찾아가도 소용없을 고향 찾아 갈 것이다
내 아내처럼 누군가의 마음을 가두는
아름다운 철창 하나 만들어 두고.

받아도 좋은 죗값

인간으로 태어나서 서로 만나 좋아한 것도 죄였었던가
혹독한 형벌 앞에서 뭘 선택하란 말인가
꿈처럼 안타깝고 놓치기 싫은 추억들
수정처럼 눈가에 달려 꿈길을 흔들고

사람이라서, 사람이라서
참으로 무식하게 좋아해 버렸으니
창조주를 탓할까 아님, 스스로를 탓할까
삶의 짐을 나눠졌던 사람아
그대를 만나 보듬어 안은 것이
세월을 거스르는 아픔인 줄은 차마 몰랐구나

보내야했던 나는 분명히 알겠구나
사람이 사람을 좋아한다는 것. 유죄
그것이 정답이라서
깊이만큼 죗값도 혹독하다는 걸

정해진, 피치 못할 운명이 만남이라면 어쩌겠는가
형벌이 제아무리 가혹해도 엮여져야지 견디며 극복해야지
기나긴 인생여정 외로움을 대신할 죗값이라면
저질러 볼만한 것이 사랑 아닌가.

눈물 뒤에 무엇을 얻었을까

정상을 향해 오르던 저 정치인은
세상을 향해 울부짖고 얻은 것은 무엇이었을까

소망하던 가정을 이루고
감격하던 어느 부부의 눈물 뒤에 얻은 게 무엇이었을까

붉은 핏덩이 저 아이가
세상을 향해 큰 울음 울고 얻은 것은 무엇이었을까

눈물은 최후의 수단이라는데
그 귀한 무기로 과연 우리는 꼭 필요한 것을 얻고 있는가?

눈물로 얻으려는 게 과연 정당한 요구였던가.
아내 잃고 울부짖던 나는 글 짓는 것을 얻었는데

애증愛憎의 세월

누군가를 그리워 한다는 것은
기다림이 피워내는 순수의 꽃

아름다우려 하지는 않지만
어쩌다 생겨난 이별이
긴 기다림을 던져놓았는데 어쩔 것인가

누군가를 그리워 한다는 것
사랑한다는 것
그래서 죽도록 미워한다는 것

어쩌면 업보일 것이다
내 전생에 커다란,
그러나 지울 수 없는…….

그것으로 인해 살아있는지도 모를 삶의 가지
덤으로 얻는 삶이란 그것

이별보다 더한 것

어느 아픔 안기던 날인가
동녘하늘에 번져가는
함박웃음의 눈인사를 받으며
행복한 발걸음이 시작하던 날

우연히, 아주 우연히
붉은 가슴에 아픔이 헤집고 들어와
시퍼런 멍울집을 짓고
절망을 선포했다

흐려진 시야는 지척을 분간키 어렵고
흐트러진 정신은 자신의 위치를 몰라 허둥대었다
혹독한 시련
이런 것이 사랑이라면 하고 싶지가 않았다

모든 사람에게 찾아오는
우연한 이별이고 아픔이지만
현재는 그 이별보다도 더 혹독한 시련을 안기는 것
외로움이다 그것은 분명 외로움이었다.

아픔하나 그림자 되어

어쩌다, 아주 어쩌다가
귀하고 귀한 그림자를 잃어버리고
동그마니 아픔하나 품어
그림자를 대신하네.

사랑하다, 사랑하다, 싫증나버린
권태로움도 아니었는데
어이해 겪어야했던 쉬운 이별이던가.
어이해 상처는 아물지 않는가.

그림자처럼 따르며 아파하는 추억들
아!~ 끝나지 않는 전-장戰場.

고마운 그대

얼마나 다행인지 모르겠다.
어느 날인가
문득 주위를 둘러보니
나를 바라보며 따뜻한 웃음주고
사랑의 말을 주고
다정히 손을 잡아 이끌어주는 그대
넉넉히 가슴을 열고
내 글을 지켜주는 고마운 그대
실체야 있고 없고
그건 중요치 않아
아직도 우린 사랑하고 있으니

찔레꽃2

진한 외로움과 사무치는 그리움으로
깡마른 몸, 텅 빈 속사정
내세울 것 없고, 보일 것 없는
봉오리 터트려낸 한恨을 삭여내린 하얀빛

허무와 좌절을 응축시켜
삶이라는 단어 하나에 꽉꽉 묶어놓고
시커멓게 타버린 가슴
간혹 불어오는 봄바람에 돋는 소름 경화시켜
아직도 책임져야할 흔적을 위하여
가시울타리로 주변을 경계했다

그래서 홀로 외로운 꽃 찔레여!

핏빛보다 진한 홀로서기의 아픔
농축된 방향 흩뿌리며
실속 없이 하얀 그리움만 피워대는 너였구나.
그 안에 뭐가 있겠지 바라보는 눈, 눈, 눈
꽃 지고나면 쓸모없는 가시덩굴
텅 비어있음이 그 실체인 것을…….

정 떼기

아픔의 시간
그냥 흐르라지요.
쉽게 잊히는 그런 정이라면
그게 어디 사랑일는지요.
나는 아픈데 자꾸만 상처를 내는 사람
내버려 두렵니다
시간이 흐른 후엔 자신도 지쳐 떠나겠죠
억지로 잊지는 않으렵니다.
다만 무관심해야 되는데 죄는 아니겠지요?

후회1

손을 뻗으면 언제나 웃으며 잡아주었다
가슴을 요구하면 가슴을 내밀었고
웃음을 요구하면 망설임 없이 웃어주었다
그렇기에 항상 그 자리에 그대로일줄 알았었다

어제는 그러했다
마냥 푸를 것 같은 청솔가지였었다.

격무에 힘들다고 투정하던 그날
바짝 말라 불쏘시게 되어있는 솔가지를 보았으니
통통하게 윤기 나던 손등엔 빛이 사라지고
아름답던 얼굴엔 주름만 늘어있어
못난 남편의 과거를 빠짐없이 기록하고 있었다.

모질게 훑고 달리던 세상 바람도
이제는 그 품안에서 잠이 들었다
세상과의 인연을 내려놓은 평화로움
힘이 들었음인가
마른 솔가지 하나 힘없이
떨어져 가고 있다
이제서 관심 주는 눈앞에서

껍데기를 위하여

가고 오지 못함이라,
나비여! 네 힘찬 날갯짓 그립구나.
여백의 땅 돌산이라
가지 말았으면 좋았을 곳

허~ 허,
헛웃음 한번으로 지워버린 과거
아무것도 아닌 냥 돌아앉아서
바라보는 세상 허허롭기만 해라

헤치고 가야할 길 남음은 얼마큼인가
보이지 않는 만큼 멀지는 않은지
젊음은 수평선처럼 까마득 멀어지고
이제는 꿈마저도 나약한데

도전을 포기할 수 없음은
아직도 변하지 않은 삶이라는 이름 때문
영혼을 지키기 위한 가엾은 희생,
저 고단한 육신의 쉼을 위해서

부부

스스로의 선택이었지만
우리가 서로 사랑으로 엮여졌던 것
그것은 거부할 수 없는 필연적 운명 이었습니다
고통이고, 슬픔이고 말 못할 외로움 이었습니다
사랑만하면 그게 전부인 줄 알았던 삶
그것이 족쇄가 되어 서로를 구속할 줄은 몰랐기에
둘이면서도 고독해야 하는 책임의 무게로만 남아
때로 감당하기 벅찬 삶이라서 더욱 그러했습니다

그러면서도 사랑이라 말할 수밖에 없는 것은
너를 위해, 나를 위해 희생해야 했기 때문입니다
남인채로 만났지만
모르는 새에 어느덧 한 몸이 되었기 때문입니다
우리는 감히 행복을 이야기 했습니다
한때일망정 너 아님 살 수 없다 했기에
짝이 되어준 당신 고맙습니다
내가 고마워할 그대로인해
내 젊은 날을 감동으로 채울 수 있어 행복합니다
오는 길 달랐듯 가는 길도 다르지만
고맙습니다, 사랑합니다.

사랑해서 기분 좋은 날

어떤 기분 좋은 날
수화기 저편에서만 살고 있던
그대가 내게로 와 사랑한다 말하면
반갑게, 아주 반갑게
왜 이제야 왔느냐고 투정하며
꼬~옥 껴안을래요 달아날 수 없도록
목마르게
그대를 기다리다 외로움을 알았다고 원망하며
내 심장을 요동치게 한
그대 입술에 성난 키스도 퍼부을래요.
사랑했음에, 사랑했음에
증오도, 망설임도, 후회도, 많았지만
나는 기다림을 먼저 배워야 했습니다.
믿음이란 단어를 되뇌어야 했습니다.
다정히 손잡고 영원히 걸어야 할 사이
그대 웃음이 저 하늘 태양이 되고
내 행복이 그대를 공전하는
오늘은 사랑하기 좋은 날, 기분 좋은 날.

시인 마을에 세든 사람

내 이삿짐 속엔
컴퓨터 하나에 필기구
설익은 감성 하나

그곳은 의식주가 필요 없다
그 모든 것은 상념 속에서 부활한다.
내가 그토록 사랑하는 임마저도

드러나 보이는 것이 없어도
한줄 시를 얻으면
하루가 웃음으로 시작돼는 동네

내가 세 들어 사는 동네 시 마을.
그리운 임,
고운 웃음 함께하는 마을.

제 6 부

친정아비

친정아비

언제나 빨간 불만 켜놓고
가지마라, 못 간다
만류했던 세월

신호등 아래선 못 가고
가지 못하는 삶인 줄만 알고 살아왔을 널 위해
이제는 파란 신호등을 켠다

보내야만 했다
가기 싫어하는 너를 등 떠밀고
가라,
가라고만 해야 했다
이제부터의 행복은 그곳에 있기 때문에

내가 있어야 할 자리가 싫다
파란신호를 켜놓고
떠나가는 모습을 지켜만 봐야하는
꼭 그래야 할 것처럼,
가라고,
떠나라고 등을 떠미는 아비
아파하면서도
파란 신호등에 불을 켜야 하는 아비.

밤野

어둠이 온 집안의 밝음을
하나씩 주머니에 따 담고
뚜벅뚜벅 걸어온다.

거실을 거쳐 둘째 방
막내 방을 지나
내 방의 불을 마지막으로 따 담는다.

어둠이 싫은 빛들의 비명소리
“조금 있으면 재미있는 영화하는데”
“인터넷 조금만 더하면 안돼요?”

빛이 사라지고 적막이 찾아온다.
갑갑하여 창을 열고 바라본 하늘
다 채우지 못한 빛주머니의 나신

부끄러움에 살짝 구름에 가리운 미소
아름다워라 저 미소
앳된 옛적의 미소 짓던 그녀모습이련가.

떠나고 오는 인연들

소나기구름 한차례 비를 뿌리고
주위는 온통 떠나는 것들뿐입니다
입가를 맴돌던 웃음이 떠나가고
그대로 비롯한 이웃이 떠나가고
의욕도, 건강도, 넘치던 자신감도

그러네요. 그러려니 받아는 들이지만
가을거리엔 모두가 떠나는 것뿐
겨울을 향해 걸음을 옮기고 있습니다.
동토의 어드메쯤 또 하나의 비워진 자리있겠지요

아참!
만나는 것도 있네요
장인이라 부르는 발소리
할아버지라 부르는 귀여운 얼굴

그림자로 따르던 이여
내가 아내라 부르던 이여!
헤어지는 모든 것들 속에서
당당히 가슴 펴는 우리의 역사처럼
찾아오는 것들로 그대도 가려지고 있습니다
또 다른 만남과 설렘도 있습니다.

큰딸

아름다움이었구나.
사랑의 결정체였구나.
하늘이 너를 안고 잠들었던 어느 날
심한 몸부림에 그 품에서
떨어져 나온 채로
비탈진 인생길로 떨어져 내렸더구나.

떨어진 너를 꽃잎이 곱게 받아
찬란한 아침 햇살아래 이슬에 씻고 닦아
망울망울 꽃잎 속에 감춰두고 놀다가
여름이 채 끝나지 않은 그해
칠십구 년 칠월 스무아흐레
네 엄마가 찾아내어 품속에 넣었었구나.

사랑스러워라
열정이요.
행복의 결정이요
초롱초롱 빛나는 여의주로 내게 와서
내 울타리의 파고를 잠재우고
행복과 미래를 설계하게 했었던
너는 나의 꿈이었고 행복의 열매였었다.

엄마가 되는 길

장미꽃피던 지난해 봄
웨딩마치로 눈시울 적셔대던 딸아이
어느 날 걸려온 전화에서 엄마가 될 거라 했다
어미의 걸어온 길을 답습이나 하는 것처럼
자신이 걷는 길이 피할 수 없는
여성의 가는 길임을 깨달아 가는 걸까
입덧의 괴로움을 극복하고
날로 불러오는 배를 다독이며 태교를 시작하고
아기를 위한다고
각종 매체를 통한 신생아 교육을 듣고 다니느라
종일의 시간을 쏟아 부었다
한 생명이 찾아오는 길을
어미라는 이름으로 다듬고 개척하며
자신의 꿈 많던 시절을 미련 없이 접어버리는
희생의 빛으로 변모해 가는 딸아이의 길
내가 아닌 너를 위하여로
너와나 가 아닌 우리 식구를 위하여로
염치도, 수줍음도, 깔끔함도, 다 버리고
억척하나 소중히 키워 나가는
딸아이의 길, 엄마가 되는 길.

축복

아이야!
전생이 있고 거기서 만난 우리였다면
너와 나 얼마나 아름다운 인연이더냐
네 재롱에 내가 웃고
네 웃음으로 사랑을 느끼고
너를 안고 있으면
깊이를 알 수 없는 기쁨을 얻었으니
이런 것이 행복이었구나.
내리사랑이 이런걸. 일컬음인가
네 어미를 낳고도 이런 즐거움을 몰랐었구나.
호구糊口 걱정에
불투명한 미래의 두려움으로 밤을 낮을 삼았으니
아이야!
내게 기쁨을 주는 아이야
너의 자람에 아무런 장해 없고
순탄한 너의 앞날이
남을 짓밟지 않는 자연스럼이거라
빛나는 네 모습이 순수한 아름다움이거라
너와 나의 인연이 아름답듯이
세상 모든 이와의 인연도 참 아름다움이거라

*외손자 근태에게 주는 글

무지개

비켜, 비켜
뭐가 그리 바쁜지 새벽부터 달음박질하는 바람
그 바람 사이를 비집고 생의 현장에 다다랐다

물통에 꽁꽁 언 얼음을 깨고 마당에 뿌렸더니
얼음 조각 하나가 아침 햇살을 받고
일곱 빛깔 무지개로 현장을 연다.

무심코 바라본 땅위에서의 무지개 존재
그 아름다운 모습이
아비 밥상을 준비하던 딸아이 웃음이다
추운 출근길을 나서야할 딸아이들
걱정하는 아비의 마음이다.

희망의 빛

이슬처럼 영롱한
티 없이 맑은 천사의 눈
들여다보니 까마득하다

까만 어둠 저쪽의 신비
한없이 빨려 들어갈 것 같은 우주의 빛
뭐라 형용키 힘든 저 신비로움
분명 미래의 희망이다

안도의 빛
행복의 빛
사랑의 빛
이상을 꿈꾸는 빛

나를 바라보며 방긋 웃는 저 눈빛
분명 희망이다.

* 외손자 근태의 눈을 보며

귀여운 녀석

세속에 때 묻지 않은 사람

그 아름다운 사람도
배고픔은 어쩔 수 없나보다
한 통의 젖을 얻기 위한 지극한 호소
소프라노 한 자락 구원의 노래
스스로 감동하며 눈물을 흘리고 있다

"이만하면 엄마가 젖을 주겠지"

*외손자 근태의 눈물을 보며

별을 닮은 아이

아이야
별을 닮은 아이야
포동포동 고운 꿈을 꾸고
초롱초롱 지혜를 집어먹고
큰 반짝임으로 영화를 누리고
세인(世人)의 영원한 사랑받음 속에
행복을 노래하는 그런 삶이 네 몫이 되어라

인지와 미란의 결혼을 축하하며

유혹하려 해도 눈길조차 주지 않던 장미가
오늘은 웬일로 활짝 반기는구나
운명처럼 이끌리어 짝을 이루는
너희의 아름다운 인연을 축복해서 일거다

인지야!
미란아!
부부란 말이다
성장과정이 달라 항상 조심스러워서
서로 닮아가도록 알아가는 사이란다

잘남을 내세워서도 안 되고
잘못을 들춰내서는 더더욱 안 되며
이해하고, 용서하며, 기다려줄 줄 아는 사이,
좌절할 땐 추겨주며 용기를 주는 사이란다

하나, 둘, 셋을 참아라
넷, 다섯, 여섯도 참아라
참을 忍이 많을수록 얻는 것은 화목이란다

그 화목이 단단히 굳어 진주처럼 반짝일 때
너희는 진정한 백년해로의 주인이 된단다
부디 서로의 행복 지킴이가 되어라.

조카 결혼을 축하하며 伯父 百空 글을 짓다

남윤아 처음 맞은 생일 축하한다

별꽃, 바람꽃의 봄소식에
매화나 벚, 목련이 꽃을 피운다거나
방금 욕조에서 나온 듯
어여쁜 철쭉의 빨간 속살을 시샘하는
개나리의 금빛 군무가 시선을 훔친다거나

산야의 모든 꽃피움이 예사롭지 않으니
어찌 그들만의 축제라 하겠느냐
이 봄날 세상에 찾아와 기쁨을 주고
스스로를 위한 문, 활짝 여는 오늘
세상의 꽃피움이 너를 위함이었구나

윤아야
험한 세상을 향해 첫발 내딛는 오늘
아직은 위태하고 어색한 걸음이지만
한발 한발 조심스레 내딛는 훗날은
만개한 꽃길이 너의 영광으로 더 아름다우리라.

2013년 3월 24일
남윤아 첫돌에 부쳐 큰 외조부 百空이 詩를 짓다

아름다운 날의 행진

꽃눈이 삼동三冬 추위와 맞서는 까닭은
활짝 피고픈 까닭입니다

씩씩한 벌을 기다린다거나
우아한 나비를 기다린다거나
그것은 기다림이고 설렘인 까닭에
자신을 갈고, 닦고, 연마해서
오늘의 만개한 아름다움으로 서있습니다

꿈을 꾸기 위한 행진
지금의 화려함 보다는 내일을 돋움 하는 꿈
무지갯빛 열매 자랑스레 내보일 그 날을 그리며
지금 그대들은 두려운 길에 첫 발을 내밉니다

서로 이해하고 신뢰하며 용서하는 삶이기를
꿈과 염원이 함께하는 아름다운 행진이기를.

*조카 수연의 결혼을 축하하며- 伯父, 百空 정광일-

제 7 부

새 벽

가로등

"오실까?"
"올 거야!"
한적한 산책로,
쓸쓸한 눈망울 하나

하염없는 기다림을 어리석다 하겠지요.
그대가 안겨준 의무감이 아니라도
그대로 인한 생명
오로지 그대위해 쓰겠습니다.

혹여, 스스로의 발소리에 놀라하실까
암흑에 갇힌 외로움에 주저앉을까
한 번의 어깨 토닥임을 위해
임 기다리는 눈망울로 남아있겠습니다.

새벽

입가에 거품을 머금은 재갈 물린 성난 말처럼
푸르릉 대며 돌진해 오는 파도
얌전한 듯 그러나 사나운 바다
인자하신 할아버지의 품성 같지만
표독한 하이에나 같은 바다
세상 모든 근심과 걱정 안으로 품고 감싸면서도
때로는 숨 가쁘게 목줄을 졸라매는 바다
저 거센 세상의 풍랑을 보면서도 출항을 결정해야 했다.

앞만 보면 끝없는 두려움이요
돌아서면 다시 가고 싶지 않은 과거이기에
망설이고 고민해야 했던 저울질과 잣대질도
순간의 갈등이기에 현실은 떨치고 일어나야만 했다.
눈을 부라리고 앞을 직시해야만 했다
키를 굳게 잡고 바다를 향해 마주서서 일성대갈 하는
장부의 기개를 꺼내 보여야 했다
하지만 가진 게 배짱뿐이라
몰아쳐오는 바다의 풍랑을 어떻게 대처해야 할지
지혜의 왕 솔로몬을 입가에 되뇐다.

해가 뜬다. 신년
희망 가득한 저 해는 머뭇거리지 마라
포기하는 나약함보다 도전하는 항해를 선택하라 한다.

기관이 작동 한다
물살을 가르며 항해가 시작 됐다
이제 와서 망설인들 무엇 하랴
두려움은 낙오와 좌초뿐인 것을
오직 미래를 위한 극복만이 살길이다
머~언 수평선위에 눈부신 희망이 손짓한다.
기다리고 있으니 어서 오라고
그래 기다려라 찾아가리라
얼마큼의 고통이 포기를 꼬드겨도
극복하리라 기어코 네 앞에 당당히 서리라

다시 일어서다

가을이 가고 겨울바람이 무섭다고
떨고 있던 나무가 고사하지는 않는다

저기 마른 나뭇가지에도
납작 엎드린 생명 하나 숨 쉬고 있으니

아른아른 졸고 있는 햇살을 타고
봄님이 오시는 날
지금의 아픔을 보상 받듯이
큰 기지개로 소리 칠 것이다

이별의 슬픔은
잠시 지나치는 바람소리 같은 것이었다고.

그리움이라는 것

마르지 않는 강
어떤 형태의 이별일지라도
헤어진다는 것은 눈물강의 원천

그 슬픔이 만들어내는 샘은
내를 이루다 강이 되고
건너지 못하는 먼 그리운 관계

매 때마다 생성되는 처절한 몸부림까지
던지고,
또 던져 넣으며 노둣돌을 만드는
그래서 언젠가는 서로 만나길 염원하는 일

세월의 재촉에 언제였냐는 듯,
그것이 이별의 끝인 것은 알지만
그렇게 다리하나 놓아보는 세월.

통영의 아침바다

바다여! 누구를 기다리고 있는가.
기다리는 이 뉘라서 풀어헤친 가슴 여밀 줄 모르는가.
억겁의 세월 변함없이 아침을 열어야 했는가.

환한 얼굴로 찾아든 태양을 한가득 품에 안고
가쁜 숨결로 행복해 하던 아침바다
그대의 긴 기다림을 배우면서 자란 탓일까
갈매기와 속삭이던 배도 어부를 기다리고
곁눈질로 지나치는 바람도 만선의 깃발을 기다리듯
이아침 포구에도 기다림은 일상이 되었구나.

경이로운 그대의 너른 품을 보며 내가 서있다
바람이 죄 없는 뺨을 할퀴고 달아나도
갈매기가 간밤의 안부를 물어 와도 관심 밖이었다.
활짝 웃는 그대가 기다렸던 것은
어쩌면 나였을 것이라는 설렘으로 들뜬 때문이리라

내 작은 소망인 삶의 명제, '행복' 그 염원
기다림이라는 낚시를 오늘도 바다에 던져 놓는다.
동병상련
아침 바다는 말없이 품안에 나를 가둔다.
너와 나의 긴 기다림 위로 세상이 밝아온다.

그런대로

슬픔은 술로 푼다는데
술을 못하니 어쩌란 말인가
목소리의 정다움도
손길의 따스함도 느끼지 못하고
그대 향기 내밀한데 맡아보지도 못했다

심장의 박동을 그대가 움켜쥐고 떠났다는 걸
한참이 지난 후에야 느끼게 되었을 때
뒤늦은 깨달음이 물줄기를 만들고
마르지 않는 강의 원천이 되었다는 것도 알았다.

그래도 세월은 잘도 가고
잊은 줄 알았던 웃음도, 즐거움도,
눈물샘 꽉 밟고 살아나고 있으니
하루하루 조바심치며 살 필요 없는 것

닥치는 대로 살자
외면도 말고, 참지도 말고,
울고 싶으면 울고, 웃고 싶으면 웃고
그냥 그런대로 살자.

가장家長

항구와 이별하고 떠나온 항해에서
하늘은 왜 그리 어둡고 비바람은 그리도 거세던지
굳게 잡은 손아귀에 힘이 소진되고
두렵고 두려운 마음은 포기하고픈 심정
공포를 벗어나고픈 마음은 '차라리'를 떠올리고

두려움에 떨며 겁먹고 있지만
선장 하나 믿고 눈망울이 초롱초롱한
선원들의 기대를 차마 저버릴 순 없었다.
마음을 다잡고 이를 악물며
파도와 사투하는 선장은 처절한 삶의 승부사였다

키를 움켜쥔 채 잃어버린 시간들
갈매기 울음소리로 의식을 깨운다.
가까스로 떠지는 눈꺼풀
파고드는 강렬한 빛

폭풍우가 언제였었나.
바다를 지배하던 어둠이 걷혀있다.
오라고 하지는 않지만 정박할 곳을 찾아
흔들리는 몸뚱이 바로하고 다리에 힘을 주어본다.

눈물의 가치

훌쩍일 거라면 차라리 단념하고
쏟아 부을 거라면 퍼부어버려라
남자의 한마디가 천금에 비한다면
그를 대신하는 눈물이야 값으로 매길 수 있으랴
울어서 얻는 게
흘리고 닦아낸 눈물만큼의 가치가 있다면
흘려버려라
장부의 갈 길에 눈물은 필요치 않으니
가슴 응어리 다 비우고 깨끗이 남겨진 터에
나를 세워 되돌아봄도 가히 나쁘진 않을 터
흘려야 할 눈물이 남아있거든 흘려버려라
한 방울 남김없이
미래는 뒤만 보는 사람은 쓸모없다 하더라.

살아야 하는 이유

그대가 이 땅을 버렸습니다.
그대는 이 땅을 미련 없이 버렸지만
나는 차마 버릴 수 없었습니다.

우리가 땀 흘려 가꿨던 가정이란 텃밭에
곱게 자란 꿈나무는 이제 막 성목이 되었고
탐스런 열매를 맺고 있습니다.
그런 까닭입니다

불모지라서 포기하고 싶었던 세월
열심히 정직하게 살면 하늘은 널 버리지 않는다던
어른들 말에 언제나 속고만 살아온 삶
한순간 뒤바뀐 세상에 빛이란 없었지만

그래도 이 땅을 지켜야 했습니다.
갈등은 눈처럼 녹아내려 뇌수를 빠져나가고
생명이란 물줄기는 새날을 움트게 하였습니다.
그대가 버린 이 땅 위에도
탐스런 꽃망울이 꿈을 꾸기 때문입니다.

내가 외롭다 느낄 때

내가 외롭다 느낄 때
스스로 마음을 닫고 있음을 알았습니다.
외로워야 할 아무런 이유도 없음을 안 것은
마음을 열고 너에게로 다가간 후에 일입니다

지구촌 60억 인구
그 많은 사람 중에 섞여있는 나
많고 많은 사람 두고 외로워해야 했던 것이
마음을 닫고 있기 때문이란 걸 알았습니다.

이제는 외롭지 않겠지요.
마음을 열고, 팔을 벌려 세상을 안으렵니다.
외롭다 느껴지면 대중 속으로 뛰어들 것입니다
외로움은 한번으로 족하니까요.

그대를 위한 시詩

안개 가득한 협곡
전방 시야를 점령당했으니
이정표도, 등대도, 기대할 수 없다

깊이를 알 수 없는 협곡
물살은 어찌 이리도 거세더란 말인가
헤쳐가기 힘든 물길을 그녀는 왜 만들었는가?

언제 돌부리에 전복될지 알 수 없는 상황
亡妻歌만 홀로 위태롭게 흔들리는데
뱃전을 두드리는 무심한 세월의 부추김

물길이 데려가는 곳
아무 기록도 없는 백지의 세상
다다라 정착할 점하나 찍으라는 것인가.

어둠 속에서

차갑게 식어버린 이름을 애무하며
깨어나라, 깨어나라
암흑의 벽을 흔들어대는 주문소리
되돌릴 수 없는 좌절의 눈물만 내를 이루고

흐릿한 시야
점칠 수 없는 미래의 전개도 위
짧은 보폭의 아장거림
긴긴 어둠속 행군을 더디게 하여
그 만큼의 고통에 몸서리쳐야했다

준비가 필요하다
아침이 오면 다시 걸어야할 새 길
다시 나서는 밝은 세상
거기서 활짝 웃을 수 있을까
어둠에 붙잡힌 발목을 빼올 수 있을까

동녘이 밝아온다
짧다면 짧고 기다면 긴 어둠의 끝
또 얼마의 시간이 필요할지 모른다
하지만 초조하지는 않다
분명 아침은 오고 있으니까.

영락공원 음악회

천공을 떠돌다
천상의 오선지에 그려지는 음표

높은 듯 낮고
낮은 듯 높은 봉우리 사이로
가라앉은 듯 떠오르고
떠오른 듯 가라앉는 음률

이제는 웃으며 살자는
영혼과 영혼의 만남이려니
덩실 춤사위 한나절

오늘이 가면 또 혼자가 되겠지만
지금의 기억을 붙잡아두고
행복만 가꾸리라
더 이상은 슬퍼 않으리라.

파기한 약속

이제는 잊어야지 다짐해놓고
그렇게, 그렇게 다짐해놓고
돌아서니 보고파 다시 들춰봅니다.

그대 고운자태에 눈멀어
환상의 미로인줄 모르고
철없이 즐거웠던 세월

달콤한 그 목소리에 귀먹어
내 온몸 송두리째 바쳐버린
내밀한 행복

어찌 잊을 수 있습니까
어찌 잊을 수 있습니까

아직도 눈감으면 다가오는
고운 미소, 그 속삭임
들여다보면 아직도 사랑스러운 임

어쩔 수 없어 약속을 파기합니다.
잊겠다는 약속을.

가을꽃 축제장에서

가을꽃 축제장
형형색색의 요란한 반김이 한 눈에 가득한데
시큰둥 바라보는 시선
그저 외로운 길손인 채로
와! 꽃도 많네.
사람도 많구나. 지나치는 말투가 전부

꽃잎위로 옛 기억들이 내려앉아
좁아터진 감성을 송두리째 흔들어댄다
버려야한다고 머리를 흔들지만 쉽잖다
쉬운 상대가 아니기에
짜증스러운 매달림을 그냥 안아버렸다

신기하게도 홀가분한 시선가득
보인다. 꽃이 보인다.
버릴 수 없어 안아버린 후에야
꽃은 내게 아름다움을 선보인다.
그제서야 나도 아름다움을 받아드린다

기분 좋은 날

간밤엔 꿈을 꾸었어요
몇 년 만인지요
그녀를 만나 맘껏 향기에 취했답니다

햇살이 고왔어요
들뜬 마음을 씻어내고
맑고 깨끗한 마음으로
하늘 창을 닦았습니다

파~아~란 눈부심
고왔던 그녀의 모습일지도 모릅니다
어쩜 우리의 젊은 날일지도 모릅니다

오늘도 세상 속으로 걸어 들어갑니다
철없는 아이처럼 팔짝뛰며
불끈 쥔 주먹으로 하늘을 질러봅니다
아! 정말 기분 좋은 아침입니다

작가가 남기는 말

●● 작가가 남기는 말

진행형이던 내가 어느 순간에 과거형이 되어버린 것은 애달픈 인연 때문입니다.

하나라고 언약했던 지난 약속을 비웃고 말없이 떠나버린 인연을 못 잊어, 사모곡이랄까? 아니면 그리움을 떨쳐 버리려 버둥거리는 몸부림이랄까?

꿈처럼 달콤한 잠에서 깨어나면 사라지는 모습들처럼 만지는 것, 보는 것, 먹는 것, 모든 것에서 느끼는 그녀의 모습들을 눈물 속에만 가둘 수는 없었습니다.

눈물은 흐르다 멈추고, 한없이 흐르다 멈춘 눈물은 시간의 흐름 뒤엔 너무 쉽게 마른다는 것입니다.

그리움은 그 눈물 속에 모습을 간직하려 하지만 마르고 나면 자국만 남고 조그만 인연에 의해 쉽게 지워지기 때문입니다. 그래서 그를 탁본하기에 이르렀습니다.

[찻잔에 찾아오는 별] 이 시집詩集은 못난 지아비의 망처가입니다. 한순간 눈 이슬 되어 비춰지는 모습을 탁본하여 모아둔 자료집입니다.

잊힘이란 것도 슬픈 일이지만 소중한 기억들을 잃는 것 또한 슬픈 일이라서 이렇게라도 잊지 않고 소중히 간직할 수 있는 글이 있음에 얼마나 감사한지 모릅니다.

얼마나 쓰다 지쳐 떨어질지는 알 수 없지만 내가 그녀를 잊지 않고 기억하는 한 망처의 노래는 그치지 않을 것입니다.

하지만 한 가지 분명한 것은 헤어진다는 것은 아픔이라는 것, 그러기에 우리는 그 아픔을 만들지 않도록 서로를 아끼고 스스로를 보살피며 건강하게 아름다운 생을 보내라고 말하고 싶은 것입니다.

시집해설

가는 길과 오지 않는 길

임종성(시인, 문학박사)

가는 길과 오지 않는 길

나무가 진물을 흘리고 있다. 바람도 불지 않는데 나무는 잎들을 흔들어 떨어뜨린다. 따갑고 가려워서 아무데나 몸을 비벼대고 싶은 상처의 생, 앓는 소리도 없이, 하소연도 없이 혼자서만 참고 견디며 맞아야 하는 나무처럼 사람의 생도 뜨거운 상처의 여정이 아니겠는가.

정광일 시인의 네 번째 시집에는 아내를 잃고 난 뒤 시인의 아픈 심리적 정황이 서정의 물결로 잔뜩 채워져 있다.

사랑도 모르고 대책도 없이
욕심 하나 앞세워버린 탓에
형체 없는 끈으로 묶여버린 우리
고래심줄 같은 부부의 연
서로의 자유를 억압당하면서도
싫지만은 않았던 인연의 울

중략

사랑!
어느 누구도 들어서 싫다 하지 않는 한 마디에
나는 힘 없는 당신의 포로일 수 밖에 없었습니다.
[사랑의 포로] 부분

아주 가까운 사이가 있다. 이를테면, 빨래와 비누, 샘과 두레박처럼, 처마 끝과 제비의 둥지 사이처럼, 저무는 해를 등에 지고 뉘엿뉘엿 장터에서 돌아오는 어머니의 보따리 속에 담긴 굴비 한 두름과 잘 길들여진 아버지의 입맛처럼 아주 가까운 사이가 있는 것이다. 남편과 아내의 관계도 밀접 거리에 속해 있는 아주 가까운 사이가 아닐 수 없다

부부 사이는 〈형체 없는 끈으로 묶여버린 우리〉, 〈고래심줄 같은 부부의 연〉으로 이어져 얽혀 있다. 그러나 아무리 좋은 인연으로 만난 남편과 아내 사이의 관계도 영원하지 않는데 아픔이 뒤따른다. 특히 건강 상실로 말미암은 사별의 아픔은 살아 있는 동안에는 질기디 질긴 핏줄로 이어진다. 그 아픔은 의도적으로 망각하려고 애를 써도 쉽게 잊어지지 않는다.

잊자, 잊어보자
설움의 바지랑대 힘겹게 세워 보지만
창 틈새로 흘러 드는 바람의 흐느낌에
꺽~, 꺽! ~, 꺽 !~
밤을 잃은 뻐꾸기는 목이 멘다.
[뻐꾸기 시계] 부분

화자는 〈잊자, 잊어보자! 〉고 홀로 자신에게 말한다. 그러나 이러한 독백의 울림은 〈꺽꺽〉목이 메어 잠기고 마는 것이다.

생은 떠나고 이름만 남은 사람
그래도 버리지 못하는 애심(愛心)은
오늘도 그 곁에 머문다

뭐라고 타일러야 하나
지독한 저 고집이 만들어내는 아픔
그것이 사슬 되어 제 몸을 파고드는데

너 없이 안 된다고
차마 버릴 수 없다고
이름만 껴안고 뒹구는 벽창호

얼마나 다행인가
껴안을 수 있는 세월이 있다는 것이
그렇게라도 부비고 살 수 잇다는 것이
가고 없어도 엮임은 남았다는 것이
[가고 없어도] 전문

누가 간다는 것은 아주 엄청나게 큰 일이다. 그는 지금이라는 시간에 과거를 뒤섞어서 아직 눈뜨지 않는 미래까지 데리고 가고, 한 순간에 그의 전 생애가 다 떠나기 때문이다.

세상을 비우고 간다는 것은 마치 쓰고 난 문장에 마침표를 찍는 일과 다르지 않다. 화자는 〈생은 떠나고 이름만 남아 있는 사람〉인 아내에 대해서는 〈이름만 껴안고 뒹구는 벽창호〉일 뿐이다.

그러나 아내를 〈껴안을 수 있다는 것〉과 〈그렇게라도 부비고 살 수 있는 것〉에 대해 다행한 일이라고 말한다. 아내가 가고 없지만 아내의 영혼에 〈엮임은 남았다는 것〉이 여간 다행한 일이 아닐 수 없는 데서 위안을 찾는다.

별이 떠나고
다시 홀로인 자신을 돌아보며
애간장 녹아 당기는 찻잔
바람만, 바람만 벗으로 남는 공허
그 세월, 그 서글픈 세월
[찻잔을 찾아오는 별] 부분

사랑하는 사람의 죽음을 따라가지 못하는 산 사람에게 남는 것은 그리움이란 아픈 마음밖에 지닐 게 없다. 떠난 사람에 대한 그리움은 외로운 감정으로 바뀐다. 그러한 연유는 〈바람, 바람만 벗으로 남는 공허〉를 감당하는 일은 여간 고통스러운 일이 아니다.

언제 떠났기에 보이지 않는 걸까
유월의 뙤약볕 아래 늘어진 숨 쉬며
발자국 하나 터벅터벅 남기는 시간
산 그림자만 길게 누워 월영교를 벗하네

언젠가 야경 속에서 꿈엔 듯 바라보던 月影
그 모습 바라보며 쓸쓸히 걸었을까
간다, 온다, 말없이 떠나고 없는 눈길

삶이란 게 다 그렇듯
언제까지나 움켜쥘 수 없는 과거라는 그것
알면서도 놓지 못하는 욕심,
왜이더냐, 나를 바라보던 네 얼굴 잊지 못함이

중략

내려다본 수면 위에 고요히 머문
초라한 내 모습만 너인 것 같은데
[월영교에서] 부분

다리의 외형은 섬과 강, 바다를 이어주고 산과 마을을 연결해 주는 데 있지만 그것의 내포는 사람과 사람 사이를 이어 맺어주는 접속사인 것이다. 화자는 〈산 그림자만 길게 누워 월영교〉 위에 서 있다.

들녘에서,
바다에서,
산에서,
그리도 애타게 부르지만
달려간 소리는 없다

그대
어디를 방황하기에 돌아오질 못하는가?

오늘도 그립다며
임 향해 달려간 내 목소리
돌아오지 않는다

돌아오는 길
아직도 찾지 못함인가?
[돌아오지 않는 메아리] 전문

화자는 장소를 가리지 않고 들녘이나 바다, 산에서 사랑하는 사람을 부르지만 소리는 돌아오지 않는다. 허망의 벼랑에 부딪치는 소리는 먼지처럼 쌓일 뿐이다. 사랑하고, 사랑한, 그러나 아픈 세상에서 상실감은 견디기 어려운 일이다.

사람의 한 생애를 나무에 견주어 볼 수 있겠다. 나무의 휘어진 줄기는 사람이 지나온 굽은 길이고, 나무의 푸른 잎은 사람이 지닌 빛나는 희망이며, 나무의 상처는 사람의 아픈 가슴이며, 바람을 거슬러 피어난 나무의 꽃은 사람의 사랑이며 떨어진 꽃은 別離나 죽음이라 할 수 있을 것이다.

화자는 거미처럼 까맣게 가슴이 타 버렸지만 먼저 간 사람을 위해 살아남은 사람이 할 수 있는 유일한 일은 그를 위해 기도하는 것이 아닌가 한다. 아내의 가는 길과 오지 않는 길은 한 방향의 같은 길이다. 사랑하는 아내를 잃고 홀로 가는 길은 황량하고 아프고 견디기 힘든 길이다, 혼자 있는 외로움이 시의 행간을 다 이루고 있어 가슴에 쩍 금이 간다.

찻 잔에 찾아오는 별

정 광 일 詩人 제4집

인쇄일_ 2013년 11월 6일
발행일_ 2013년 11월 10일

지은이_ 정 광 일
펴낸이_ 최 경 식
펴낸곳_ 도서출판 청옥문학사
기획처_ 문화마을

등록번호_ 제10-11-05호
사무실_ 부산시 동래구 명륜동 696-38
전 화_ 0510517-6068
FAX_0510529-6068
E-mail:_ kyu500@hanmail.net

ISBN 978-89-97805-12-9
값_ 10,000원